CONSULTATION

SUR

DIVERSES QUESTIONS RELATIVES

À

LA MÉDECINE LE ROY

JULES FORNI

Avocat à la Cour d'appel de Paris.

HENRY MUTEL

Avoué près le Tribunal civil de la Seine.

PARIS

IMPRIMERIE CHAIX

IMPRIMERIE ET LIBRAIRIE CENTRALES DES CHEMINS DE FER

SOCIÉTÉ ANONYME

Rue Bergère, 20, près du boulevard Montmartre

1883

CONSULTATION

SUR

DIVERSES QUESTIONS RELATIVES

A

LA MÉDECINE LE ROY

JULES FORNI

Avocat à la Cour d'appel de Paris.

HENRI MUTEL

Avoué près le Tribunal civil de la Seine.

PARIS

IMPRIMERIE CHAIX

IMPRIMERIE ET LIBRAIRIE CENTRALES DES CHEMINS DE FER

SOCIÉTÉ ANONYME

Rue Bergère, 20, près du boulevard Montmartre

1883

CONSULTATION

SUR DIVERSES QUESTIONS RELATIVES

A

LA MÉDECINE LE ROY

L'avocat soussigné, interrogé par MM. Cottin père et fils sur diverses questions relatives à la médecine Le Roy, a répondu comme suit :

I

Le purgatif formulé il y a près d'un siècle par le chirurgien Le Roy a acquis une grande notoriété. Apprécié partout et exporté principalement dans les deux Amériques, il n'a cessé d'être possédé et exploité commercialement depuis 1798 par la famille de l'inventeur. Il l'a été par M. Le Roy, puis par M. Cottin, pharmacien, son gendre. Il l'est actuellement par MM. Cottin, son petit-fils et son arrière petit-fils, qui le font préparer par un pharmacien diplômé et vendre par lui dans un établissement spécial, 51, rue de Seine. Il est connu vulgairement sous le nom de médecine Le Roy.

La médecine Le Roy constitue-t-elle un remède secret, c'est-à-dire dont l'annonce et la vente sont prohibées et punies par la législation pharmaceutique?

Je note tout d'abord qu'il ne s'agit pas, dans l'espèce, d'un produit à usage interne ou externe qui puisse prêter, soit quant à la nature même de sa composition, soit quant aux propriétés qu'on lui attribue, soit quant à la forme sous laquelle on le présente, soit enfin quant au nom qu'on lui donne, à l'erreur ou à la discussion. Il est certain en fait et reconnu par les intéressés que la médecine Le Roy est *une préparation qui sert à guérir quelque mal, quelque maladie*, comme dit le Dictionnaire de l'Académie, *une préparation entrant au corps humain en forme de médicament*, comme dit la déclaration royale de 1777, *une substance introduite dans l'économie en vue de remédier à un état de maladie*, comme dit la préface du *Codex medicamentarius* : c'est bien un remède. C'est un médicament.

Le pharmacien qui annonce et vend ce médicament peut-il être poursuivi pour annonce et vente de remède secret?

Avant de répondre à cette première et principale question, il est nécessaire d'exposer les principes et de jeter un regard d'ensemble sur la législation pharmaceutique qui régit la matière.

II

Voici la liste chronologique des documents législatifs sur la pharmacie. Il faut les connaître et il sera utile, au besoin, de les consulter.

Édit de Charles VIII. — Arrêt de règlement du Parlement de Paris du 3 août 1536. — Édit de 1583. — Arrêts de règlement des 25 octobre 1591, 19 décembre 1597, 12 septembre 1598, 20 décembre 1599, 28 avril 1661, 1er septembre 1672. — Déclaration royale du 29 mars 1696. — Déclaration royale du 17 juillet 1696. — Édit de mars 1707. — Arrêts du Parlement des 26 mars 1732, 23 juillet 1748. — Déclaration royale de 1772. — Déclaration royale du 25 avril 1777. — Lettres-patentes d'août 1778. — Lettres-patentes du 10 février 1780. — Déclaration royale du 26 mai 1780. — Arrêt du Conseil du 5 mai 1781. — Décret des 14-17 avril 1791. — Loi du 21 germinal an XI. — Ordonnance de police

du 9 floréal an XI. — Arrêté du 25 thermidor an XI. — Loi
du 29 pluviôse an XIII. — Décret du 25 prairial an XIII. —
Décret du 18 août 1810. — Décret du 26 décembre 1810. —
Avis du conseil d'État du 9 avril 1811. — Ordonnance royale
des 8-14 août 1816. — Ordonnance des 20 septembre-5 octobre 1820. — Ordonnance royale du 20 décembre 1820. —
Ordonnance du 21 juin 1828. — Ordonnance de 1835. — Loi
des 5-8 juillet 1844. — Loi du 19 juillet 1845. — Ordonnance
du 29 octobre 1846. Décret du 8 juillet 1850. — Loi des
25 mars - 1er avril 1851. — Décret du 22 août 1854. — Loi
du 5 mai 1855. — Décret du 25 mars 1857. — Circulaire du
préfet de police de 1858. — Décret du 15 février 1860. —
Décret du 23 juin 1873. — Décret des 23-24 août 1873. —
Décret du 14 juillet 1875. — Décret du 20 novembre 1875. —
Décret des 12-20 juillet 1878. — Arrêté du 22 juillet 1878. —
Décret du 31 août 1878. — Arrêté du 30 décembre 1878. —
Arrêté du 17 février 1880.

III

En ce qui concerne particulièrement les remèdes secrets, je
dois, parmi ces textes nombreux, citer ceux qui se réfèrent à
cette question délicate.

Voici les principaux :

§ 1

Arrêt du Parlement de Paris du 23 juillet 1748.

« Vu par la Cour la requête présentée par les doyens et
docteurs régents de la faculté de médecine de Paris... Notre
dite Cour ordonne...

» Que tous les apothicaires de cette ville et faubourgs de
Paris seront tenus de se conformer au nouveau dispensaire fait
par les suppléants pour la composition des remèdes y mention-
nés...

» Fait prohibition et défense aux apothicaires de donner les compositions mentionnées audit dispensaire ou autres par eux faites, sans autres ordonnances que celles des docteurs de ladite faculté, licenciés d'icelle ou autres ayant pouvoir, desquelles ordonnances lesdits apothicaires seront tenus de tenir bon et fidèle registre, le tout sous les peines portées par les ordonnances et arrêts de la Cour. »

§ 2

Loi du 21 germinal an XI.

« Article 32. Les pharmaciens ne pourront livrer et débiter des préparations médicinales ou drogues composées quelconques, que d'après la prescription qui en sera faite par des docteurs en médecine ou en chirurgie ou par des officiers de santé, et sur leur signature. Ils ne pourront vendre aucun remède secret. Ils se conformeront, pour les préparations et compositions qu'ils devront exécuter et tenir dans leur officine, aux formules insérées et décrites dans les dispensaires ou formulaires qui ont été rédigés ou qui le seront dans la suite par les écoles de médecine. Ils ne pourront faire, dans les mêmes lieux ou officines, aucun autre commerce ou débit que celui des drogues ou préparations médicinales.

» Article 36. Tout débit au poids médicinal, toute distribution de drogues et préparations médicamenteuses sur des théâtres ou étalages, dans les places publiques, foires et marchés, toute annonce et affiche imprimée qui indiquerait des remèdes secrets, sous quelque dénomination qu'ils soient présentés, sont sévèrement prohibés...

» Article 38. Le gouvernement chargera les professeurs des écoles de médecine, réunis aux membres des écoles de pharmacie, de rédiger un codex ou formulaire contenant les préparations médicales et pharmaceutiques qui devront être tenues par les pharmaciens... »

IV

De la nouvelle comme de l'ancienne législation, la pensée qui se dégage est une pensée de protection, bien ou mal comprise d'ailleurs, pour la santé publique.

Cette protection, comment s'est-elle exercée et comment s'exerce-t-elle ?

D'abord, bien entendu, les pharmaciens ont seuls le droit de préparer et de vendre les médicaments. Mais ce n'est pas tout, l'État n'a pas borné là son action. Il est allé plus loin et il a développé, parfois jusqu'à l'extrême, les conséquences du principe autoritaire dont je parlais. Il réglemente la profession du pharmacien jusque dans les droits de préparation et de vente et il ne l'autorise à les exercer que dans la limite qu'il trace lui-même. En d'autres termes, personne autre que le pharmacien ne peut préparer et vendre des remèdes, mais personne, pas même le pharmacien, ne peut préparer et vendre d'autres remèdes que ceux autorisés régulièrement par la loi.

Oui, mais quels sont les remèdes qu'on peut dire régulièrement autorisés par la loi ?

Je laisse de côté les remèdes *magistraux*, c'est-à-dire les préparations résultant d'une formule spéciale prescrite pour chaque cas particulier par une ordonnance du maître, soit le docteur, le médecin ou l'officier de santé. Je ne considère que ce qui nous intéresse actuellement, les remèdes dits *officinaux*, c'est-à-dire les substances ou préparations que le pharmacien peut tenir toutes préparées dans son officine.

D'après la doctrine et la jurisprudence, il est facile aujourd'hui, en théorie, de dire quels sont les remèdes autorisés régulièrement par la loi.

Ce sont, tout d'abord, les remèdes inscrits au codex.

V

Il existe en France, et depuis de longues années, un formulaire professionnel des pharmaciens, désigné sous le nom de *codex medicamentarius*, qui est, en quelque sorte, le recueil de la thérapeutique officielle. Ce codex est publié avec la sanction du gouvernement et d'après ses ordres. Avant la Révolution, le codex en usage était celui dont la rédaction avait été ordonnée par l'arrêt du Parlement de Paris du 23 juillet 1748. La loi du 21 germinal an XI disposa, par son article 38, que le gouvernement serait chargé de publier un nouveau *codex medicamentarius* mieux approprié aux différences de climat et de production du territoire de la République et plus en harmonie avec le dernier état de la science. Le nouveau codex, paru en 1816, subit une refonte en 1837. Le codex de 1837, rédigé par MM. Orfila, Andral, Duméril, Richard, professeurs de la faculté de médecine, Bussy, Caventou, Robiquet, Pelletier, Soubeiran, professeurs de l'école de pharmacie, ne tarde pas à devenir lui-même insuffisant, et voici dans quels termes M. Rouher, alors ministre de l'agriculture, du commerce et des travaux publics et M. Rouland, ministre de l'instruction publique et des cultes, en proposaient en 1861, la revision à l'empereur :

« Ce formulaire est le code imposé aux pharmaciens. En garantissant la santé publique contre les dangers de l'empirisme et les séductions trompeuses du charlatanisme, il est à la fois pour les praticiens un guide certain et pour l'administration un moyen assuré d'ordre et de surveillance. Mais pour qu'il remplisse ces conditions, il est nécessaire qu'il soit réellement au niveau de la science, qu'il en présente toujours le résumé fidèle, qu'il constate et enregistre tous les progrès ; il faut, en un mot, qu'il soit la dernière expression de l'enseignement de nos écoles. C'est donc un ouvrage essentiellement progressif, appel à subir, au moins à certains intervalles déterminés, une complète revision.

» Depuis 1835, la médecine et toutes les sciences accessoires qui contribuent à ses progrès, se sont enrichies d'utiles découvertes. Des médicaments nouveaux dont les avantages thérapeutiques sont démontrés par l'expérience, ont été introduits avec succès dans l'usage médical; de nombreuses formules ont été publiées dans les journaux de médecine et de pharmacie. Ces médicaments, ces formules attendent une sanction légale que l'insertion au codex peut seule leur donner. Le codex de 1837 n'est donc plus en harmonie avec l'état de la science, il ne suffit plus aux nécessités de la pratique médicale, il n'offre plus à l'administration un contrôle assuré pour la police de la pharmacie et pour l'exécution des prescriptions de la loi de germinal en ce qui concerne la prohibition des remèdes secrets. »

§ 1

Conformément aux conclusions de ce rapport et au décret du 21 juin 1861 qui les sanctionna, une commission composée de sommités médicales et scientifiques à la tête desquelles se trouvaient M. Dumas, le grand chimiste, aujourd'hui membre de l'Académie, MM. Rayer, Bouchardat, Grisolle, Tardieu, Wurtz, etc., rédigea le *Codex médicamentarius* actuel et le publia en 1866. Récemment, par arrêté du 17 février 1880, M. Jules Ferry ministre de l'instruction publique et des beaux arts, a institué une nouvelle commission composée de MM. Baillon, Bouchardat, Hayem, Regnauld, Germain Sée, Vulpian, Wurtz, professeurs à la faculté de médecine de Paris, et de MM. Baudrimont, Bouis, Bourgoin, A. Milne-Edwards, Planchon et Riche, professeurs à l'École supérieure de pharmacie. Cette commission travaille actuellement à la revision du codex de 1866 et prépare la nouvelle édition de cet ouvrage.

§ 2

Le codex en vigueur, comprenant les médicaments simples et les médicaments composés, donne la liste des médicaments simples, c'est-à-dire des produits naturels empruntés aux trois règnes de la nature, dont la réunion constitue la matière médicale ou trésor pharmaceutique des anciens. A l'égard des médicaments composés, il fait connaître les substances qui entrent dans leur préparation, les doses exactes de chacune d'elles, et la marche à suivre pour l'exécution de la formule. Le codex, comme disait le rapport ministériel que j'ai cité, est le code imposé aux pharmaciens. Ils ne peuvent s'écarter de ses prescriptions, sauf toujours, bien entendu, le cas que j'ai déjà placé de côté et dont je ne reparlerai plus, où une ordonnance du médecin vient dégager leur responsabilité et transformer un remède officinal en un remède magistral.

VI

Mais les remèdes inscrits au codex ne sont pas les seuls autorisés régulièrement par la loi.

Il importait, aux yeux du législateur, de ne pas immobiliser la thérapeutique. Il fallait lui donner au contraire, une certaine flexibilité qui se prêtât à toutes les améliorations reconnues utiles et c'est pour cela que le gouvernement, à diverses époques, a prescrit une nouvelle édition du formulaire officiel et en a fait, ou du moins voulu faire, ce que M. Rouher appelait un recueil progressif.

Mais entre-temps et dans l'intervalle d'une édition à une autre, au milieu d'une foule de remèdes de valeur suspecte ou incertaine, ou non encore suffisamment éprouvée, des découvertes heureuses se produisaient, des remèdes anciens et proscrits encore légalement se trouvaient consacrés par l'expérience, et la médecine et la pharmacie devaient-elles être privées par la rigueur des règlements du bénéfice immédiat de ces remèdes ?

Fallait-il attendre pour eux la « sanction légale » du futur codex, long peut-être encore à paraître? On ne l'a pas pensé et à deux reprises un décret est venu parer aux inconvénients de cette situation.

VII

C'est d'abord le décret de 1810.

Un précédent décret impérial du 25 prairial an XIII, intéressant à connaître, avait édicté les dispositions suivantes :

§ 1.

Décret de prairial an XIII.

« Article 1er. — La défense d'annoncer et de vendre des remèdes secrets portée par l'article 36 de la loi du 21 germinal an XI ne concerne pas les préparations et remèdes qui, avant la publication de ladite loi, avaient été approuvés, et dont la distribution avait été permise dans les formes alors usitées; elle ne concerne pas non plus les préparations et remèdes qui, d'après l'avis des écoles ou sociétés de médecine, ou des médecins commis à cet effet depuis ladite loi, ont été ou seront approuvés, et dont la distribution a été ou sera permise par le gouvernement, quoique leur composition ne soit pas divulguée.

» Article 2. Les auteurs ou propriétaires de ces remèdes peuvent les vendre eux-mêmes.

» Article 3. Ils peuvent aussi les faire vendre ou distribuer par un ou plusieurs préposés, dans le lieu où ils jugeront convenables d'en établir, à la charge de les faire agréer, etc.

§ 2

Cinq ans après ce décret de prairial, le décret du 18 août 1810 statua en ces termes :

» Napoléon.... (je cite les considérants; ils ne sont pas dépourvus d'intérêt.)

» Plusieurs inventeurs de remèdes spécifiques contre divérses maladies, ou de substances utiles à l'art de guérir, ont obtenu des permissions de les débiter en gardant le secret de leurs compositions. D'autres demandent encore pour des cas pareils, de semblables autorisations. D'après le compte que nous nous sommes fait rendre, nous avons reconnu que si ces remèdes sont utiles au soulagement des maladies, notre sollicitude constante pour le bien de nos sujets doit nous porter à en répandre la connaissance et l'emploi en achetant des inventeurs la recette de leur composition ; que c'est pour les possesseurs de tels secrets un devoir de se prêter à leur publication et que leur empressement doit être d'autant plus grand qu'ils ont plus de confiance dans leur découverte. En conséquence, voulant d'un côté propager les lumières et augmenter les moyens utiles à l'art de guérir, et, de l'autre, empêcher le charlatanisme d'imposer un tribut à la crédulité ou d'occasionner des accidents funestes, en débitant des moyens sans vertu ou des substances inconnues, et dont on peut, par ce motif, faire un usage nuisible à la santé ou dangereux pour la santé de nos sujets,

» Notre Conseil d'État entendu, etc... »

Suivait le dispositif ainsi conçu :

Décret du 18 août 1810.

« Article 1er. Les permissions accordées aux inventeurs ou propriétaires de remèdes ou compositions dont ils ont seuls la recette, pour vendre ou débiter ces remèdes cesseront d'avoir leur effet à compter du 1er janvier 1811.

» Article 2. D'ici à cette époque lesdits inventeurs ou propriétaires remettront, s'ils le jugent convenable, au ministère de l'intérieur qui ne la communiquera qu'au commissaire dont il sera parlé ci-après, la recette de leurs remèdes ou compositions avec une notice des maladies auxquelles on peut les appliquer et des expériences qui en ont déjà été faites.

Article 3. Le ministre nommera une commission composée de cinq personnes dont trois seront prises parmi les professeurs des écoles de médecine à l'effet : 1° d'examiner la composition de ce remède et de reconnaître si son administration ne peut être ni dangereuse ou nuisible en certains cas ; 2° si ce remède est bon en soi, s'il a produit et produit encore des effets utiles à l'humanité ; 3° quel est le prix qu'il convient de payer pour son secret à l'inventeur du remède reconnu utile, en proportionnant ce prix : au mérite de la découverte ; aux avantages qu'on en a obtenus et qu'on peut en espérer pour le soulagement de l'humanité ; aux avantages personnels que l'inventeur en a retirés ou pourrait en attendre encore...

» Article 5. Le ministre de l'intérieur fera ensuite un traité avec les inventeurs. Le traité sera homologué par le Conseil d'État et le décret sera publié sans délai...

» Article 7. Tout individu qui aura découvert un remède et voudra qu'il en soit fait usage devra en remettre la recette au ministre de l'intérieur comme il est dit article 2. Il sera ensuite procédé à son égard comme il est dit articles 3, 4 et 5.

» Article 8. Nulle permission ne sera accordée désormais aux auteurs d'aucun remède simple ou composé dont ils voudraient tenir la composition secrète, sauf à procéder comme il est dit aux titres I et II. »

VIII

Enfin, est venu le décret du 3 mai 1850 qui régit encore actuellement la pharmacie :

» *Décret du 3 mai 1850.*

» Les remèdes qui auront été reconnus nouveaux et utiles par l'Académie nationale de médecine et dont les formules approuvées par le ministre de l'agriculture et du commerce, conformément à l'avis de cette compagnie savante, auront été publiés dans son bulletin avec l'assentiment des inventeurs ou possesseurs cesseront d'être considérés comme remèdes secrets.

Ils pourront, en conséquence, être vendus librement par les pharmaciens, en attendant que la recette en soit insérée dans une nouvelle édition du codex. »

IX

Que conclure maintenant de ces diverses dispositions législatives?

C'est qu'aujourd'hui dans notre droit actuel les seuls remèdes officinaux régulièrement autorisés par la loi sont les remèdes dont la composition figure au *Codex medicamentarius* ou ceux qui sont assimilés par les décrets de 1810 et de 1850 aux remèdes dont la composition figure au *Codex medicamentarius*. Si le possesseur d'un remède non inscrit au codex a voulu tirer parti de son secret conformément aux dispositions du décret de 1810, il a pu vendre sa recette au gouvernement qui l'a publiée; si le possesseur d'un remède non inscrit au codex a voulu, depuis le décret de 1850, sans chercher à vendre son secret, consentir à sa divulgation légale, il a pu faire approuver sa recette par l'Académie de médecine et le gouvernement l'aura, par l'intermédiaire de cette académie, publié : Dans les deux cas les remèdes se trouvent être assimilés à ceux du codex et, par voie de conséquence, acquérir la qualité de remèdes publics, c'est-à-dire autorisés, par opposition aux remèdes secrets, c'est-à-dire prohibés.

X

Aussi bien cette interprétation de la loi n'est pas sans prêter prise à la critique. On ne saurait méconnaître que depuis les anciennes déclarations royales, depuis la loi de germinal an XI, les lois de l'an XIII et le décret de 1810, le mot de remède secret a singulièrement dévié de son sens grammatical et naturel.

Dans le langage ordinaire qui est, ce semble, le bon, quand on parle d'un remède secret on entend un remède dont la formule n'est pas divulguée, dont les éléments même ne sont pas précisément connus, qui se prépare en quelque sorte dans le mystère et qui est, par là même, dangereux ou suspect. Dans la terminologie pharmaco-légale le mot remède secret a pris une signification conventionnelle et factice qui jure souvent avec la réalité des choses, contre laquelle j'ai personnellement protesté plus d'une fois, mais qu'il faut bien constater aujourd'hui et qu'il n'est plus permis de méconnaître.

La jurisprudence, d'ailleurs, a longtemps hésité et hésite encore devant cette interprétation rigoureuse et, dans certaines espèces, il lui a paru, avec raison, illogique de qualifier remèdes secrets des médicaments dont la recette est publiée dans de nombreux ouvrages, dont le nom souvent indique complètement la composition et dont l'efficacité peut être ainsi constatée *a priori* par les hommes de l'art.

§ 1

C'est ainsi que la Cour de Paris a jugé, le 20 septembre 1829 : « Qu'on ne peut considérer comme remède secret un médicament composé dont la formule ne se trouve pas] dans le codex mais dont la composition est généralement connue et se trouve dans différentes pharmacopées. »

C'est ainsi que, le 23 juillet 1840, elle décidait : « que le médicament poursuivi se trouvait formulé dans divers ouvrages de pharmacie et de médecine et dans divers dispensaires, que sa composition était généralement connue dans toutes les officines où il se débitait sur ordonnance et même sans ordonnance du médecin, et que, par conséquent, il ne pouvait être rangé dans la classe des médicaments ou remèdes secrets dont la composition n'est pas divulguée. »

C'est ainsi que, le 17 juin 1829, elle avait confirmé un jugement du tribunal de la Seine déclarant un médicament remède secret « attendu que l'inventeur n'en avait publié qu'une formule incomplète, » d'où l'on peut conclure qu'il n'y aurait pas eu condamnation si la formule avait été publiée d'une façon complète.

C'est ainsi que, le 9 mars 1844, elle déclarait remède secret « les préparations pharmaceutiques qui ne sont ni annoncées ni vendues sous des noms indiquant suffisamment leur composition et leur nature et permettant de les faire préparer comme remèdes officinaux dans toutes pharmacies indistinctement. »

C'est ainsi encore que le tribunal de la Seine, le 11 août 1831, prononçait un jugement dont j'extrais les attendus suivants qui ont leur valeur :

« Attendu que les seuls remèdes secrets dont la vente et l'annonce sont prohibées par la loi de germinal étaient ceux dont les éléments avaient été tenus cachés par leur inventeur, et non ceux dont la composition serait divulguée et livrée ainsi au contrôle des facultés de médecine et à la surveillance de l'autorité ;

» Attendu qu'à compter du délai fixé par les décrets des 18 et 26 décembre 1810 aucune autorisation ne devait plus être accordée pour le débit des remèdes secrets, mais que rien dans cette disposition ne s'opposait à ce que l'inventeur d'un remède nouveau fît profiter le public de sa découverte, en lui en révélant la préparation ;

» Attendu que le danger apparent d'une semblable faculté disparait devant les garanties des pharmaciens reçus en cette qualité ;...

» Attendu qu'en annonçant indirectement dans des brochures le remède dont il se dit l'inventeur il en a annoncé la composition ;

» En ce qui concerne le pharmacien :

» Attendu que la recette de sa mixture a été publiée par plusieurs ouvrages de médecine, notamment dans la *Gazette de santé*; qu'ainsi il n'a ni annoncé, ni vendu un remède secret... »

§ 2

Je pourrais multiplier ces citations, et me référer à des décisions judiciaires plus récentes qui indiquent assez combien la jurisprudence a eu de peine à se former sur ce point. Mais la jurisprudence est établie aujourd'hui. Elle a fixé en principe, d'une manière très nette, la signification juridique du mot remède secret.

La Cour de Paris, notamment, dans son arrêt du 24 décembre 1831, qui infirmait le jugement cité par moi en dernier lieu, disait déjà :

« Que de l'ensemble de la législation il résulte que les seuls remèdes reconnus par la loi sont : 1° ceux composés d'après la prescription de médecins, chirurgiens ou officiers de santé ; 2° ceux composés conformément au codex ou formulaires rédigés par les écoles de médecine ; 3° ceux dont la recette a été achetée et publiée par le Gouvernement ;

» Que tous les remèdes en dehors de ces catégories, lors même que les inventeurs en auraient divulgué la composition, sont des remèdes qui n'offrent aucune espèce de garantie pour la santé publique et sont par cela même réputés secrets. »

§ 3

Depuis et à diverses reprises, la Cour régulatrice a été appelée à donner son interprétation souveraine sur ces questions si délicates et cette interprétation ne varie pas. Sa jurisprudence paraît constante aujourd'hui. Elle déclarait dans un arrêt du 11 novembre 1842 rendu précisément à l'occasion de la médecine Le Roy :

« Qu'un remède ne cesse pas d'être secret bien qu'il ait été formulé dans une brochure publiée par l'inventeur, qu'il ait été publié dans plusieurs ouvrages savants, qu'il ait été l'objet de thèses et dissertations publiques ; que la formule en ait été depuis longtemps déposée au ministère de l'intérieur. »

Et elle a dans de nombreux arrêts défini le sens juridique de ces mots : remède secret. Je me borne à citer son arrêt de rejet du 17 août 1867 :

« Attendu que la loi entend par remèdes secrets toutes préparations pharmaceutiques qui ne sont pas conformes au formulaire ou codex légalement rédigé, ni achetées ou rendues

2

publiques par le gouvernement suivant le décret du 18 août 1810, ni autorisées dans les termes du décret du 3 mai 1850. »

XI

J'ai analysé aussi brièvement que possible les principes, l'histoire, la loi, la jurisprudence en ce qui concerne les remèdes secrets. De cet exposé, dans lequel j'ai négligé à dessein diverses questions accessoires, ou de détail, ou hors du sujet, je dois tirer les conclusions qui se dégagent. Je me résume en deux mots : Remèdes officinaux conformes au *Codex medicamentarius* et remèdes officinaux assimilés à ceux du *Codex medicamentarius* en vertu des décrets de 1810 et de 1850, tels sont les remèdes officinaux que le pharmacien peut, sans risquer d'être inquiété, annoncer et vendre. Ce sont les remèdes publics. Tous autres remèdes sont des remèdes secrets et l'annonce et la vente en sont prohibées.

XII

Je viens maintenant à l'importante et spéciale question que j'ai posée au début : La médecine Le Roy constitue-t-elle un remède secret?

Si cette préparation pharmaceutique est conforme au formulaire ou codex officiel, ou si elle a été achetée ou rendue publique par le gouvernement suivant le décret du 18 août 1810, ou si elle a été autorisée dans les termes du décret du 3 mai 1850, elle constitue un remède public, c'est-à-dire régulier et égal. En fait, elle ne se trouve strictement dans aucun de ces cas. Donc la réponse s'impose au premier abord et il semble bien que cette réponse doive être fatalement : la médecine Le Roy est un remède secret.

XIII

Pourtant cette solution rigoureuse ne me paraît point commandée dans l'espèce, et personnellement, je crois pouvoir, sans méconnaître la jurisprudence actuelle et sans m'exposer au reproche d'illogisme, ne pas l'accepter.

Je m'explique.

Si j'ai rappelé les principes qui régissent notre matière, je n'ai pu qu'indiquer, pour ainsi dire, dans ses grandes lignes la jurisprudence de la Cour de cassation et j'ai dû négliger tout ce qui pouvait embarrasser ou compliquer l'examen de la question. Il convient maintenant de scruter et, qu'on me passe le mot, — de fouiller cette jurisprudence. Il s'y rencontre un élément d'appréciation qui me paraît avoir une importance capitale dans l'espèce et qu'il importe de dégager dans l'intérêt de MM. Cottin père et fils. Je veux parler de l'interprétation que la Cour suprême donne du mot remède secret et qui demande à être interprétée elle-même.

XIV

Il faut que les remèdes officinaux, pour être autorisés régulièrement, soient conformes au codex officiel. Je reconnais le principe posé et toute décision de juridiction inférieure qui ne s'y conformerait pas elle-même risquerait assurément d'être cassée par la Cour régulatrice. Mais si le principe de droit est posé par la Cour de cassation et suivi par les Cours d'appel, ces dernières ont en fait un pouvoir souverain d'appréciation. C'est aux Cours d'appel qu'il appartient de décider si tel ou tel remède poursuivi ou même précédemment condamné est ou non conforme au codex. D'où la conséquence qu'elles sont seules juges de cette question de conformité et que si, tout en constatant certaines dissemblances, elles décident que le remède qui lui est soumis se trouve, en définitive, conforme au codex, leur décision échappe à la censure.

La conformité ou la non conformité d'un remède spécial avec tel ou tel médicament correspondant du codex est donc affaire d'appréciation. En fait, ne serait-il pas excessif de considérer comme non inscrite au codex ou différente de la formule du codex telle formule qui, tout en étant semblable à celle-ci dans ses éléments essentiels, dans sa composition thérapeutique, dans le rapport de ses substances, ne s'en distinguerait que par l'emploi d'un excipient, d'un adjuvant ou d'un véhicule nouveau ou par une modification peu sensible apportée à sa présentation ou par une amélioration, un perfectionnement quelconque ne changeant point d'ailleurs la nature et la proportion de ses principes constitutifs ?

C'est ce que les tribunaux ont pensé plus d'une fois ; il semble qu'ils aient voulu corriger de ce côté, par l'indulgence de leur appréciation, ce que l'application stricte et un peu brutale de la loi avait d'illogique, de peu équitable et de contraire aux tendances de l'opinion et de l'art pharmaceutique. A plus forte raison les tribunaux peuvent-ils faire montre de cette indulgence lorsqu'ils ont devant eux non pas un remède nouvellement connu, mais un médicament qui existe depuis longtemps, qui depuis longtemps est apprécié, dont la formule, la même au fond que celle du codex, a toujours été considérée comme offrant les mêmes garanties.

La médecine Le Roy est-elle autre chose ?

En fait, il est peu de remèdes aussi vieux et restés aussi populaires : ce n'est là qu'une considération morale qui ne saurait avoir d'influence sur le droit. Sa composition loin d'être secrète a toujours été divulguée et se trouve indiquée, on peut le dire, partout : c'est là un argument sérieux, sans doute, mais qui ne suffirait probablement pas encore à lui enlever le caractère du remède secret tel que le comprend actuellement la jurisprudence.

Mais elle est conforme au codex, elle est en réalité inscrite au codex, sauf des variantes insignifiantes, et là est la raison décisive qui ne doit pas permettre de la considérer comme un remède secret.

J'ai eu l'occasion de citer l'arrêt de cassation de 1842 intervenu à l'occasion de la médecine Le Roy. J'ai noté une autre décision judiciaire qui n'a pas voulu davantage la ranger parmi les médicaments autorisés. Je ne sais pas dans quelles circonstances ou plutôt ensuite de quelles conclusions, ces jugements ont été rendus, mais il n'est pas téméraire de supposer que la défense de la médecine Le Roy n'avait pas été placée alors sur son véritable terrain. Le jugement du tribunal de Marseille du 2 mai 1865 dit :

« Attendu que le remède Le Roy constitue un remède secret;
» qu'en effet, cette qualification ne dépend pas de ce que la con-
» naissance d'un remède est plus ou moins répandue ou absolu-
» ment tenue secrète, mais de ce qu'une préparation médica-
» menteuse, non spécialement prescrite par une ordonnance
» magistrale d'un médecin qui commande le remède pour le cas
» spécial par lui observé, n'est point inscrite au codex, ou
» autorisée par une décision ministérielle. »

Ces considérants du jugement répondent évidemment au système de défense qui avait dû être soutenu et qui consistait, en 1865, comme en 1842, à insister sur la publicité acquise par le remède et sur la divulgation de sa formule. Le tribunal n'a pas tenu compte de ces éléments d'appréciation, il s'est borné à appliquer à l'espèce la théorie juridique imposée par la Cour de cassation, et il faut convenir que d'après les errements de cette Cour ses considérants sont irréprochables. Mais, je le répète, le tribunal n'a pas dû être conduit sur le véritable terrain de la question. La défense a dû concéder ou admettre sans discussion sérieuse que le remède Le Roy n'était pas inscrit au codex, car le tribunal mentionne ce fait comme incontestable et ne faisant même pas doute. Or, c'était précisément là l'élément d'appréciation qui devait être mis en cause devant lui. Le jugement aurait été vraisemblablement tout

autre et la médecine Le Roy n'aurait pas été qualifiée par lui
de remède secret s'il avait été démontré qu'en réalité elle était
inscrite au codex et qu'elle n'était autre chose, au fond et
sauf des variantes accessoires, que la *teinture de jalap composée*
du codex.

XV

La formule de Le Roy a été consignée dans toutes les pharmacopées, et dans un grand nombre d'ouvrages spéciaux. On
la trouve, par exemple, consignée dans :

Le *Formulaire de Bouchardat* (5e édition, page 200, 9e édition. p. 218.)

La *Matière médicale de Bouchardat* (2e édition, p. 432.)

La *Pharmacopée universelle de Jourdan*, I, p. 681.

Le *Traité de thérapeutique du Dr Martinet*, p. 584 et suivantes.

Le *Compendium médical du Dr Bossu*, p. 263.

L'*Abeille médicale*, 1844, p. 69.

Le *Vade mecum du médecin praticien*, des Dr Moure et
Martin, p. 327.

L'*Officine de Dorvault*, p. 268.

Le *Traité de thérapeutique* des Dr Trousseau et Pidoux
p. 693.

L'*Agenda médical* du Dr Briois, p. 21.

Elle figure même dans les formulaires légaux de pays étrangers, par exemple, en Italie, dans :

La *Pharmacopée générale de Taddéi, de Florence*, III, p. 47.

La *Grande Pharmacopée de Giordano*, p. 678.

La *Pharmacopée légale de Ferrare*, 10e édition p. 313.

Prenons la telle que la donne le dispensaire actuel le plus
autorisé : l'*Officine de Dorvault*.

Dorvault la mentionne comme suit :

§ 1

Elixir purgatif de Leroy ou de Signoret. *Médecine ou remède* Leroy.

	1er Degré	2e Degré	3e Degré	4e Degré
Scammonée	48	64	95	125
Turbith végétal	24	32	48	64
Jalap	190	250	375	500
Eau-de-vie à 20°	6.000	6.000	6.000	6.000

Faites infuser pendant douze heures à la chaleur de 50°; passez et ajoutez le sirop suivant :

Séné palthe	190	250	375	500
Eau commune	750	1.000	1.500	1.500

Faites infuser, passez en exprimant, et ajoutez :

Cassonnade	1.000	1.250	1.500	1.500

Faites un sirop. — Le n° 2 est le plus employé. Dose une à quatre cuillerées par jour.

Chacun connaît ce remède de réputation.

§ 2

Si je me reporte maintenant au *Codex medicamentarius* je trouve au n° 357 la formule suivante :

Teinture de jalap composée.

Alcool de jalap et de turbith, eau-de-vie allemande, teinture purgative ou germanique, *tinctura purgans.*

Jalap	80
Turbith	10
Scammonée	20
Alcool 60°	960

Faites macérer dix jours, passez et filtrez.

§ 3

La formule 327 de la précédente édition du codex, celle de 1837 était ainsi énoncée :

Teinture de jalap composée.

(Eau-de-vie allemande).

Tinctura purgans composita.

Racine de Jalap (Ipomœa purgans) huit onces.............. 250

Racine de Turbith (*convolvulus turpethum*) une once 32
Scammonée d'Alep (*Scammonium alepense*) deux onces........ 64
Alcool de 21° cart. (56 cent.) alcool six livres............... 3.000
Faites macérer pendant quinze jours, passez avec expression, filtrez.

XVI

En comparant la formule de Le Roy et celle du codex il est facile pour le praticien de voir que ces deux formules ont la même composition et les mêmes éléments.

S'il analyse la formule 2° degré de Le Roy qui est la plus employée, comme le remarque avec raison Dorvault, et qui est la formule-type, il reconnaîtra qu'elle est, soit pour la présence des substances actives solides, soit pour leur dosage raisonné, la même que celle du codex. Le purgatif de Le Roy n'est en effet qu'une solution des principes actifs de la scammonée, du turbith végétal et du jalap dans de l'eau légèrement alcoolisée et édulcorée avec du sirop de séné palthe qui n'est ici qu'un simple véhicule et un adjuvant bénévole; je le répète, les doses de ces substances solides du purgatif Le Roy sont équivalentes à celles de la teinture de jalap composée, ou *tinctura purgans* du codex; les deux préparations ne diffèrent que par le mode de présentation au point de vue du degré de l'alcool et par l'édulcoration.

§ 1

Dans un savant rapport sur les médicaments Le Roy, rédigé et signé le 28 décembre 1859 par MM. Germain Barruel, chimiste; D' Ossian Henry, chef adjoint des travaux chimiques à l'Académie de médecine; D' Reveil, professeur agrégé de toxicologie à la Faculté de Paris, pharmacien en chef de l'hôpital des enfants malades, je note des observations scientifiques importantes en fait.

Après avoir prélevé dans dix pharmacies de Paris, au hasard dix échantillons de l'eau-de-vie allemande du codex et avoir constaté la différence considérable qui existait entre ces diverses teintures ils se sont demandé d'où provenait la cause de cette différence.

« A notre avis, disent-ils, ces différences peuvent être attribuées soit à la variation des formules publiées, soit au manque de soins, soit au peu d'indications dans le mode de préparation du codex et des autres formulaires.

» On connaît en effet plusieurs formules d'eau-de-vie allemande ; quelques pharmaciens suivent pour sa préparation les prescriptions du codex, tandis que d'autres puisent les formules dans les diverses pharmacopées telles que celles de Soubeiran, Jordan, Dorvault, etc., etc. Mais le codex, comme les pharmacopées que nous venons d'indiquer, tout en donnant des proportions différentes, n'ont pas le soin d'indiquer les quantités de matières résineuses qui doivent être contenues dans le jalap, la scammonée et le turbith qui entrent dans la composition de l'eau-de-vie allemande. Or, ces matières résineuses qui constituent à elles seules le principe purgatif, varient dans une proportion de 25 à 75 ; de plus, la recherche du degré alcoolique des eaux-de-vie allemandes que nous avons examinées nous a fait voir que ce degré variait de 40 à 60 degrés, ce que l'on doit attribuer soit à l'emploi primitivement fait d'alcools plus ou moins forts, soit à la quantité plus ou moins grande d'eau qui peut accompagner le jalap, la scammonée et le turbith, soit enfin à ce que ces substances réduites en poudre sont assez hygrométriques et qu'elles auraient été exposées plus ou moins longtemps à l'air humide.

» Ces causes de variations de composition de l'eau-de-vie allemande exigeraient des améliorations qui peuvent se résumer ainsi : 1° préparer toujours le médicament d'après une seule formule ; 2° faire usage de l'alcool à 21° Cartier ; 3° se servir de jalap, de scammonée et de turbith ayant la même composition, ou, du moins, se préoccuper plus qu'on ne le fait, de la proportion de matières résineuses qu'elles contiennent ; 4° enfin faire usage de substances bien sèches. »

Les experts ont également opéré sur les échantillons des divers numéros de la médecine Le Roy et ils concluent que les remèdes Le Roy doivent être d'une composition constante et que leur effet est toujours le même en tenant compte, bien entendu, de la susceptibilité plus ou moins grande des personnes qui en font usage.

Dans un autre endroit de leur rapport, les experts se prononcent en ces termes :

« L'addition du sucre au purgatif Le Roy facilite son administration en masquant l'âcreté des résines de jalap et de scammonée ; de plus, le sucre s'oppose à la précipitation de la résine, lorsqu'on mélange la teinture à l'eau ; enfin il peut s'opposer aussi à l'acétification de l'alcool. Virey dit, page 520 de son *Traité de pharmacie* : « Le codex devrait à ce sujet, imprimer le sceau de son autorité pour chercher à rendre les médicaments agréables ». Et nous voyons qu'à la formule de l'eau-de-vie allemande, il conseille d'ajouter un sirop. M. Bouchardat, *Matière médicale*, dit : « Le purgatif Le Roy l'emporte sur l'eau-de-vie allemande du codex par l'association d'un sirop. »

§ 2

L'avantage de la médecine Le Roy, c'est que, selon l'âge, le tempérament et le climat (je dis le climat parce que son exportation est considérable) elle est progressive tout en restant constante ; sa formule se prête avantageusement aux différences de situation, elle est plus légère ou plus accentuée selon les besoins, mais elle reste en définitive la même que celle du codex et constitue une variante appréciée, souvent supérieure à celle du formulaire officiel, tout le monde ne pouvant pas boire la même eau-de-vie allemande. Au surplus, les étiquettes de la médecine Le Roy ne font pas plus mystère de sa composition thérapeutique que les ouvrages de pharmacie ne font mystère de ses dosages. Au-dessous des mots : *Purgatif Le Roy* elles portent en lettres moyennes et parfaitement lisibles ces autres mots : *Teinture purgative du codex édulcorée.*

La vérité est donc que la médecine Le Roy n'est autre chose que la *tinctura purgans* ou *teinture de jalap composée*, adoucie quant au véhicule : l'alcool, et quant à l'adjuvant bénévole : le sirop de séné palthe.

S'il en est ainsi, il est difficile de la considérer comme un remède étranger au codex, encore plus difficile à ce point de vue comme à d'autres, de la ranger dans la catégorie des remèdes secrets, et il est permis de dire qu'étant connue et appréciée sous le nom de son inventeur — ce qui n'est pas illicite — elle se trouve en réalité inscrite au codex — ce qui ne permet pas de la condamner.

XVII

A l'appui de mon opinion, j'ai relevé un certain nombre de décisions judiciaires qui me semblent avoir une importance capitale, et qui peuvent être utilement invoquées en sa faveur. Je les signale à l'attention d'une façon toute particulière.

§ 1

Cour de Paris, 18 avril 1842. Pilules Vallet.

« La Cour, considérant qu'il résulte des débats que les pilules Vallet ne sont qu'une préparation ferrugineuse décrite dans le codex ;

» Que les modifications apportées par Vallet dans la préparation de ce remède ne constituent qu'une amélioration dont l'objet est de prévenir l'altération des médicaments et n'en font nullement un remède secret et nouveau... »

Un pourvoi fut formé contre cet arrêt, mais il fut rejeté.

Cour de Cassation, 6 août 1842.

« Attendu qu'il est déclaré dans l'arrêt attaqué que les pilules dites de Vallet ne sont autre chose qu'une préparation ferrugineuse dont la composition est indiquée au codex et que les modifications apportées par Vallet dans la préparation de ce remède qui consistent dans l'emploi de l'eau sucrée et du miel, ne constituent qu'une amélioration dans le mode de préparation du médicament...

» Que dans un tel état des faits dont l'appréciation appartenait à la Cour d'appel, l'arrêt n'a violé aucune loi ;

» Rejette. »

§ 2

L'arrêt de la Cour de Rouen que je vais citer professe implicitement la même doctrine que celui de la Cour de Paris :

Cour de Rouen, 14 janvier 1844. Sirop de Johnson. Sirop d'hyoscyamine.

« ... Qu'en vain la défense s'est surtout attachée à dénier au sirop de Johnson et de Duvignan les caractères de remèdes secrets en prétendant : 1° Que le sirop de Johnson avait toutes les propriétés principales du sirop de pointes d'asperges et n'en différait que par moins d'odeur et de saveur ; 2° Que le sirop d'hyoscyamine n'était autre que celui de jusquiane indiqué au codex dont il avait conservé les propriétés médicamenteuses et amélioré la composition en lui enlevant son amertume et son odeur nauséabonde ;

» Que s'il peut être juste de ne pas ranger parmi les remèdes secrets les médicaments dont la composition est indiquée au codex lorsqu'il est certain que les modifications apportées dans la préparation ne constituent qu'une amélioration dans le mode de préparation sans rien ôter à leurs éléments ni à leur propriété médicamenteuse, ces conditions d'équité ne sont nullement applicables aux deux sirops dont s'agit ;

» Qu'en effet il résulte des documents et des procès-verbaux des experts que les modifications apportées aux formules du codex sont graves, qu'elles portent non seulement sur le mode de préparation, mais encore sur la composition... »

§ 3

Voici maintenant deux spécialités poursuivies comme remèdes secrets, qui ont été relaxées.

*Cour de Dijon, 17 août 1853. Sirop de salsepareille de Quet.
Huile iodée de Personne.*

La première, bien que vendue sous une désignation autre que
celle du codex, a été reconnue conforme au codex.

La seconde, l'huile iodée de Personne, a été jugée ne constituer qu'un nouveau mode d'administration de l'iode.

§ 4

*Cour de Dijon et Cour de Toulouse, 1853. Sirop de Labe-
lonye.*

« Attendu que le codex contient une formule pour la préparation du sirop de digitale; qu'indépendamment de cette formule, il en existe une autre connue sous le nom de digitale
de Labelonye, insérée dans plusieurs ouvrages de médecine et
de pharmacie ; que son efficacité est attestée par les déclarations
des médecins les plus recommandables et par la place qu'elle
occupe dans la pratique;

» Que cela ne suffirait pas toutefois pour faire disparaître le
délit si le sirop de digitale de Labelonye était tout autre que
celui qui est le produit de la formule du codex, mais qu'il résulte des éléments du procès et d'analyses déjà faites que les
principes constitutifs et essentiels du sirop de Labelonye sont
identiquement les mêmes que ceux indiqués par le codex; que
l'un et l'autre ne sont formés que d'une substance unique, une
extraction de digitale; que c'est à cette substance seule que
l'un et l'autre doivent leur propriété thérapeutique ; que la différence ne provient que de la manière d'obtenir les principes
actifs de la digitale;... Que la différence dans les moyens extrac-
tifs ne change rien aux principes constitutifs du remède ni à
sa vertu; que loin de constituer un remède nouveau, ce résul-
tat n'établit qu'une amélioration ;... »

Etc.

§ 5

J'arrive à un arrêt qui fait autorité dans la matière, je veux

parler du fameux arrêt de Metz. Il est très longuement motivé
et a statué sur le caractère légal d'un grand nombre de médicaments poursuivis comme remèdes secrets. Je me contente d'en
extraire les deux principes essentiels qui m'intéressent ; le premier, que j'ai déjà vu consacré par la Cour de cassation est relatif à ce qu'il faut entendre par remède secret; le second établit la réserve ou tempérament équitable apporté à la rigueur
de l'interprétation stricte du mot.

Cour de Metz, 11 février 1857.

« Considérant qu'on doit considérer comme remèdes secrets
ceux qui ne peuvent être compris dans aucune des quatre
catégories suivantes : 1° les remèdes dont la formule est inscrite
au codex et que les pharmaciens préparent à l'avance pour les
conserver dans leur officine, ou remèdes officinaux ; 2° ceux
composés sur prescriptions spéciales du médecin, ou remèdes
magistraux ; 3° ceux achetés et rendus publics conformément
aux décrets des 18 août et 26 décembre 1810 ; 4° ceux dont la
formule a été, avec l'assentiment des inventeurs ou possesseurs,
publiée dans le bulletin de l'Académie de médecine sur l'avis
de cette compagnie et après approbation du ministre de l'agriculture et du commerce, en exécution du décret du 3 mai 1850.
» Que toutefois il n'y a pas lieu de qualifier de remèdes
secrets bien que ne rentrant dans aucune des catégories ci-dessus spécifiées, soit les médicaments présentés comme nouveaux
et désignés sous un nom différent de celui sous lequel ils étaient
connus, s'ils sont composés suivant la formule insérée au codex,
soit la composition dont la nouveauté et le mérite consistent
dans une modification peu importante, telle qu'un meilleur
mode de préparation officinale, ou un perfectionnement dans
l'emploi des substances élémentaires du remède ou dans le
dosage des quantités, ou une légère amélioration à la formule
du codex, ou l'addition d'une substance bénigne employée
comme excipient, adjuvant ou véhicule... »
Ne semble-t-il pas que le second considérant que je viens

d'extraire de l'arrêt de la Cour de Metz est utile à retenir dans l'intérêt de la médecine Le Roy?

§ 6

L'arrêt de la Cour de Rouen auquel j'arrive, avait à statuer sur un remède apprécié qui a passé par certaines vicissitudes, et qui offre des points de ressemblance avec le nôtre puisque, comme ce dernier, il a son correspondant dans la teinture de jalap composée du codex. Je veux parler du sirop de Guillié.

Cour de Rouen, 29 novembre 1855. Elixir de Guillié.

Elle a jugé que ledit élixir n'est en définitive que de l'eau, de-vie allemande dont la composition est donnée par le codex; qu'il contient tous les mêmes éléments, produit les mêmes effets, et n'en diffère que par un mode de préparation perfectionné dont les résultats sont toujours plus sûrs que ceux qu'on peut obtenir par les formules écrites au codex et qu'ainsi ce médicament ne peut être considéré comme remède secret.

Cette décision de la Cour de Rouen n'a pas empêché l'elixir tonique antiglaireux de Guillié d'être poursuivi et condamné comme remède secret, mais, comme en ce qui concerne bien d'autres remèdes prétendus secrets ou déclarés tels, cette dernière condamnation ne l'a pas empêché, à son tour, de continuer sa carrière et de conserver une certaine faveur pharmaceutique. D'ailleurs la Cour de Metz l'a également, dans l'arrêt mentionné plus haut, relaxé des poursuites ainsi que le sirop ferreux de Dussourd, le sirop de Flon et les biscuits de Pinel, quatre médicaments jugés remèdes secrets par le tribunal.

§ 7

Cour de Metz, 11 février 1857. Elixir de Guillié;
Sirop ferreux de Dussourd; Sirop de Flon; Biscuits de Pinel.

« Attendu en effet que l'élixir tonique antiglaireux de Guillié n'est qu'un perfectionnement du remède nommé teinture de jalap composée ou eau-de-vie allemande, dont la formule est inscrite au codex sous le n° 327;

» Qu'en donnant à ce remède perfectionné une désignation nouvelle qui met en relief ses propriétés, l'auteur n'a fait que consacrer par cette désignation suivie de son nom la méthode inventée par lui pour améliorer la fabrication d'un remède connu ;

» Attendu que le sirop ferreux de Dussourd n'est rien autre chose qu'une combinaison du protoxyde de fer avec le sirop de sucre employé comme excipient ou véhicule; que ce remède ayant pour base, comme son nom l'indique suffisamment, le protoxyde de fer dont l'usage est fort ancien et dont l'indication se trouve au codex, on ne saurait trouver dans une mixture innocente et dans un nom nouveau des motifs suffisants pour la classer parmi les remèdes secrets; etc... »

A plus forte raison, ajouterai-je, s'il s'agit d'un remède comme la médecine Le Roy qui, indiqué au codex et se référant à ce codex sur ses étiquettes, est vendu sous un nom ancien antérieur aux dernières éditions du codex lui-même.

§ 8.

En 1877 des poursuites furent exercées par le Parquet de la Seine à l'occasion de la vente et de l'annonce des pilules anti-nerveuses du Dr Crosnier. Les défendeurs alléguaient que depuis seize ans ces pilules étaient annoncées et vendues sans être inquiétées; qu'en réalité elles n'étaient qu'une amélioration des pilules Meglin, dont la formule est au codex, consistant en une légère addition d'aloès, substance qui n'est qu'un adjuvant et dans l'emploi du sulfate de quinine substitué à l'oxyde de zinc.

Sur l'avis des experts le tribunal statua.

Tribunal de la Seine, 21 avril 1877. Pilules Crosnier.

Il jugea que, dans l'espèce, les modifications constituaient plus qu'un perfectionnement et modifiaient la composition des pilules Méglin à un point tel qu'il devait faire considérer ces nouvelles pilules comme un médicament entièrement distinct. Les pilules Crosnier furent déclarées remède secret.

Avec une appréciation de fait, différente dans l'espèce, c'est toujours l'application du même principe. Ici le tribunal n'avait peut-être pas tort de penser que l'addition de l'aloès et l'emploi du sulfate de quinine en remplacement de l'oxyde de zinc ne permettaient pas de considérer les pilules de Crosnier comme figurant au codex sous le nom de pilules de Meglin.

§ 9

Je terminerai cette énumération par deux arrêts relatifs à la copahine Mège.

M. Mège, inventeur de la copahine Mège, ne pouvait prendre de brevet d'invention, mais la législation sur les marques de fabrique lui permettait de tirer des produits qu'il avait créés les avantages résultant de la loi de 1857 à la condition de traiter avec un pharmacien pour leur exploitation commerciale. (Voir le *Nouveau Commentaire des lois sur les brevets d'invention*, de Malapert et Forni, v° remèdes secrets). Il traita donc avec un pharmacien. En 1875 des difficultés s'élevèrent entre les parties. Elles plaidèrent devant le Tribunal de commerce et le tribunal annula les conventions comme ayant pour objet la vente d'un remède secret. En appel, la Cour décida au contraire que la copahine Mège ne constituait pas un remède secret.

Cour de Paris, 16 mars 1876. Copahine Mège.

« Sur la fin de non-recevoir tirée de ce que la copahine Mège constituerait un remède secret et ne pourrait faire l'objet, quant à sa préparation et à son débit, d'une convention valable à raison de laquelle une action pourrait être exercée en justice ;

» Considérant que toute préparation pharmaceutique non inscrite au codex ni rendue publique par le Gouvernement, constitue d'après la loi et les règlements sur la matière un remède

3

secret, mais que la copahine Mège ne peut avoir ce caractère ;

« Considérant, en effet, que si ce médicament ne figure pas dans la dernière édition du codex sous le nom commercial qui lui a été donné, il y figure en réalité sous le rapport des substances dont il se compose ;

» Qu'à l'article 610, sous le titre de pilules de copahu, on indique sa composition et l'on ajoute même que ces pilules doivent être recouvertes d'une couche de gélatine ou enroulées dans du sucre sous forme de dragées... »

De même l'affaire de la copahine Mège ayant été, ensuite d'une cassation étrangère à la question qui nous occupe, renvoyée devant la Cour d'Amiens, cette Cour, par arrêt du 26 juillet 1877, adopta sur ce point les motifs de la Cour de Paris et déclara également que la copahine Mège n'était pas un remède secret, parce que si on ne la trouvait pas au codex sous le nom commercial qui lui avait été donné, elle y figurait en réalité, dans le rapport des substances dont elle se compose.

XVIII

Il me semble résulter de cette jurisprudence que si la formule de Le Roy n'est en réalité et à tout prendre que celle du codex, si son purgatif n'est autre que la teinture de jalap composée du codex, si son remède se trouve, sous un autre nom, inscrit au codex, la préparation médicamenteuse dont s'agit ne saurait tomber sous l'application de la loi de germinal et être considérée comme remède secret.

« — Comment, écrivait un savant conseiller de la Cour de Metz, en 1857, dans un mémoire ou rapport qui a fait sensation et qui est toujours consulté avec fruit, comment donc ? quand il s'agit de remèdes passés dans la pratique depuis de longues années, tel que l'élixir anti-glaireux, c'est-à-dire l'eau-de-vie allemande du Dr Guillié, le sirop ferreux du Dr Dussourd, et les biscuits Pinel, remèdes qui ont sur quelques-uns de ceux indiqués dans la circulaire ministérielle du 2 novem-

bre 1850 et protégés par elle, l'avantage d'être inscrits au codex dans leurs éléments essentiels et pharmaceutiques, sauf
quelques légères modifications, comment le juge serait-il privé
du droit d'examen et d'appréciation dont le ministre lui-même
ne balance point à user avec une certaine extension !... Le
système qui protège comme officinal, malgré certaines modifications, le remède ne conservant de la formule du codex que son
principe et sa vertu, ne peut, appliqué par des magistrats éclai-
rés et consciencieux, énerver la législation pharmaceutique. »

C'est ce dernier système qui est consacré aujourd'hui et les
cours usent de plus en plus largement, semble-t-il, du pouvoir
d'appréciation qui leur est reconnu.

XIX

Ce pouvoir d'appréciation ayant, le cas échéant, à s'exercer
sur le caractère de la médecine Le Roy au point de vue légal,
s'exercerait certes dans les conditions les plus favorables. Et il
n'est pas téméraire de prétendre que le purgatif du chirurgien Le Roy, œuvre de générosité de l'inventeur, remède presque
séculaire, connu de tous les médecins, pratiqué partout, formulé dans tous les dispensaires, figurant au codex officiel sous
un autre nom, rappelant lui-même le codex dans ses étiquettes,
préparé enfin et vendu sous la protection de l'École qui visite
chaque année l'établissement de la rue de Seine, sortirait vic-
torieux de l'épreuve.

Ce n'est pas un remède secret.

XX

En cas de dénonciation ou de plainte suivie d'effet, c'est-à-dire
d'une façon plus générale, en cas de poursuites, quelle pénalité
encourrait le pharmacien prévenu, à tort, d'avoir en annonçant
et vendant la médecine Le Roy, annoncé et vendu un remède
secret?

§ 1

On a pu juger déjà, soit par l'étude des textes, soit par celle de la jurisprudence, en ce qui concerne les remèdes secrets, combien est délicate et incertaine la législation pharmaceutique qui nous régit. Plus on étend le cercle de ses investigations, plus on est exposé à la trouver bizarre, contradictoire et confuse.

C'est ce que j'ai eu personnellement l'occasion de montrer plus d'une fois en plaidant devant les tribunaux. (Voir, par exemple, dans la *Gazette des Tribunaux* du 3 décembre 1879 ma plaidoirie devant la Cour d'appel de Dijon, à l'occasion du baume Chautard, du thé citronelle et de la graine de lin Tarin ; voir encore dans la même *Gazette des Tribunaux* des 8 et 9 janvier 1879 ma plaidoirie devant la Cour de Paris à l'occasion de la revalescière du Barry et de la nouvelle revalescière de Raoul de Benserade).

« ... Qu'il s'agît, disais-je aux magistrats de Dijon, qu'il s'agît de l'exercice illégal de la pharmacie par certaines personnes et par certaines autres, de la vente au poids médicinal, des différences entre des actes de commerce, des peines à appliquer à certaines infractions ou du *quantum* de ces peines, des remèdes en général, de ce qu'on appelle aujourd'hui spécialités, enfin des remèdes dits remèdes secrets, on a trouvé partout dans la loi obscurité, antinomies, lacunes, difficultés. De là des incertitudes forcées dans l'interprétation. Dans aucune autre matière on n'a vu, — ce qui a été ordinaire et pour ainsi dire tout naturel en celle-ci, — une jurisprudence plus que laborieuse, l'action publique soumise à des conditions très différentes et ne pouvant s'exercer sur tout le territoire d'une manière uniforme, telle chose permise par le jury médical à telle époque et défendue dans telle autre, licite dans un ressort, poursuivie dans le ressort voisin, punie ici en vertu d'un texte, punie, à côté, en vertu d'un autre texte, vérité en deçà, erreur au delà, la Cour de cassation se montrant parfois, comme l'homme de Montaigne, ondoyante et diverse, enfin les justiciables inquiets, déroutés, anxieux, cherchant à se reconnaître au milieu de leurs règlements professionnels et ne pouvant, avec la meilleure volonté, arriver à fixer d'une façon sûre et précise la limite de leurs droits... »

Je ne faisais au surplus, en parlant de la sorte, que constater un état de choses que bien d'autres ont constaté avant moi.

Sans parler du recueil de Dalloz qui, tant dans sa publication périodique que dans sa jurisprudence générale, voulait vraisemblablement synthétiser les décisions de justice et qui a dû eculer devant la difficulté de la tâche, les auteurs spécialistes, sont tous d'accord sur ce point.

« Toutes ces décisions si variées, et si souvent contradictoires, dit Chaudé, indiquent suffisamment les difficultés que rencontrent les tribunaux et leurs efforts pour appliquer la loi d'une manière pratique, pour assurer la santé publique tout en évitant des vexations inutiles et en tenant compte d'habitudes plus fortes que la loi. »

Un autre, le savant docteur Legrand du Saulle dit, de son côté, avec sa franchise ordinaire de langage :

« La partie pénale de la loi de germinal an XI relative à la précision, à la prévision, à la définition et à la punition des infractions touchant la pharmacie est certainement défectueuse, obscure et insuffisante. Indépendamment des autres lacunes, on y trouve un certain nombre d'injonctions ou prohibitions dépourvues, dans le texte, de sanction pénale, ce qui a porté nos juridictions à se rejeter sur les anciens règlements et à en continuer, par voie d'interprétation, les pénalités. Il s'est formé ainsi dans nos arrêts une jurisprudence sur beaucoup de points indécise, vacillante, contestée, que nous pourrions appeler une jurisprudence d'expédients... »

Une jurisprudence d'expédients, le mot est dur, mais un juriste n'aurait pas mieux dit, et la qualification n'est certainement pas excessive.

Oui, c'est ici une jurisprudence d'expédients et j'en trouve la preuve encore en répondant à la question actuelle.

En matière pénale, toute infraction quelle qu'elle soit, crime délit, délit-contravention, simple contravention, est punie en vertu d'un texte formel et précis ; rien ne peut être laissé à l'opinion, c'est-à-dire à l'arbitraire ; l'interprétation par analogie n'est point permise; tout est de droit strict. Tels sont les principes, principes nécessaires et protecteurs que chacun proclame et que personne n'a osé contredire. Or, phénomène bizarre, lorsqu'il s'agit de la législation pharmaceutique, ces règles paraissent oubliées ou, si on les applique, on leur fait, en tout cas, subir une singulière déviation.

L'article 32 de la loi de germinal an XI, dit : « Les pharmaciens ne peuvent vendre aucun remède secret. »

Cet article ne prononce aucune peine comme sanction de la prohibition de la vente.

L'article 36 de la même loi dit : « Toute annonce ou affiche imprimée qui indiquerait des remèdes secrets, sous quelque dénomination qu'ils soient présentés, est sévèrement prohibée. Ceux qui se rendent coupables de ce délit seront punis conformément à l'article 83 du Code des délits et des peines », soit par la loi du 29 pluviôse an XIII, ainsi conçue :

« Ceux qui contreviendront aux dispositions de l'article 36 de la loi du 21 germinal an XI seront poursuivis par mesure de police correctionnelle et punis d'une amende de 25 à 600 fr. et, en outre, en cas de récidive, d'une détention de trois jours au moins et de dix au plus. »

L'article 36 de la loi de germinal et la loi du 29 pluviôse an XIII ne visent que l'annonce des remèdes secrets.

L'application de ces textes de loi a donné matière à controverse.

Les uns (j'avoue que c'était mon opinion, basée sur les principes les plus élémentaires du droit pénal) ont pensé que la vente d'un remède secret par un pharmacien n'est frappée d'aucune peine, la législation en vigueur contenant une lacune sur ce point, lacune regrettable si l'on veut, mais à laquelle il n'est pas permis au magistrat de suppléer ; et que cette même vente par un individu non pharmacien peut être punie, à titre d'exercice illégal de la pharmacie seulement, en vertu de l'article 6 de la déclaration de 1777 ainsi conçue : « Défendons aux épiciers et à toutes autres personnes de fabriquer, vendre ou délivrer aucuns sel, composition ou préparation entrant au corps humain en forme de médicaments, ni de faire aucune mixtion de drogues simples, pour administrer en forme de médecine, sous peine de 500 livres d'amende, ou de plus grande s'il y échoit. »

D'autres jurisconsultes, dont l'avis a prévalu, ont pensé qu'on doit punir la vente des remèdes secrets, dans tous les cas et par toutes personnes, des peines édictées par l'article 36 de la loi de germinal an XI et par la loi de pluviôse an XIII, qui pourtant, on l'a vu par la citation que j'ai faite, ne se réfèrent qu'à l'annonce.

Comme le présent travail n'est ni une thèse de droit ni un article de polémique doctrinale, j'éviterai de prendre part ici aux discussions diverses qu'a fait naître cette importante question de la pénalité en matière d'annonce et de vente de remèdes secrets. Je me bornerai à indiquer ce qui importe le plus, à savoir la marche et l'état actuel de la jurisprudence, car il ne faut pas oublier qu'au point de vue pratique, c'est à la jurisprudence, en somme, qu'il faut toujours revenir.

§ 2

Elle a d'abord refusé d'appliquer une peine quelconque à la vente par un pharmacien d'un remède secret.

Le Tribunal de la Seine avait, par jugement du 30 décembre 1843, condamné pour vente de remède secret le pharmacien Trablit. Il interjeta appel. La Cour de Paris l'acquitta de ce chef.

Cour de Paris, 9 mars 1844 :

« La Cour,

» Considérant que l'article 32 de la loi de germinal qui défend aux pharmaciens de vendre des remèdes secrets, ne contient aucune sanction pénale ; que l'article 36 ne punit tout débit au poids médicinal, toute distribution de drogues et préparations médicamenteuses que sur les théâtres, places publiques, foires et marchés ; d'où il suit que c'est à tort qu'on a fait à Trablit, de ce chef, l'application de l'article 36 et de la loi du 29 pluviôse ; met l'appellation au néant en ce que, pour la mise en vente et le débit des remèdes, il a été fait application dudit article 36. »

En 1843, un pharmacien, M. Blancart, et un non pharmacien, M. Dehaut, furent traduits ensemble devant le tribunal de la Seine pour annonce et vente de remèdes secrets. Le tribunal les avait condamnés tous deux par un jugement ainsi conçu :

» Attendu que l'article 36, prohibant toute annonce, prohibe *a fortiori* la vente ; que cela résulte, non seulement de l'esprit de la loi, mais de l'article 1er du décret du 25 prairial an XIII qui considère comme portée par l'article 36 la prohibition d'annoncer et de vendre ; des décrets et de l'avis du Conseil d'État des 18 août et 26 décembre 1810 et 9 avril 1811 qui, loin d'en permettre le débit, établissent au contraire de la manière la plus évidente la défense de les vendre ;

» Attendu que les dispositions de l'article 36 sont générales et doivent s'appliquer aux pharmaciens comme aux autres ;

» Attendu que Dehaut, n'étant pas pharmacien, a débité et vendu deux remèdes secrets ;

» Que Blancart a vendu un remède secret ;

» Condamne Dehaut et Blancart à 500 francs d'amende par application de l'article 36 de la loi de germinal, du décret du 25 prairial an XIII et de l'article 6 de la déclaration du 15 avril 1777. »

Sur l'appel, la Cour de Paris réforma le jugement comme suit :

Cour de Paris, 13 juillet 1844 :

« Considérant que Félix Dehaut, non pharmacien, a vendu et débité des compositions pharmaceutiques et ainsi contrevenu à l'article 6 de la déclaration de 1777 ;

» Considérant que Blancart, pharmacien, a mis en vente et vendu un médicament qui doit être considéré comme remède secret ; qu'il a ainsi contrevenu à l'article 32, mais que cette infraction n'est punie par aucune disposition de la loi ; que le décret du 29 pluviôse qui détermine la peine à appliquer dans le cas de l'article 36 n'en contient aucune contre les contraventions de l'article 32 ;

» Met le jugement dont est appel à néant en ce qu'il condamne Dehaut et Blancart par application de l'article 36 ;

» Décharge Blancart des condamnations ;

» Et faisant à Dehaut l'application de l'article 6 de la déclaration de 1777 ordonne que le jugement à son égard sortira effet. »

On le voit, à cette époque, la Cour de Paris et d'autres avec elles, professaient que si la vente des remèdes secrets par un pharmacien était prohibée en vertu de la loi, cette loi manquait de sanction et qu'on ne pouvait dès lors infliger aucune peine à celui qui l'avait enfreinte.

Je citerai dans le même sens plusieurs arrêts :

Cour de Paris, 24 décembre 1831.

Cour de Paris, 1er décembre 1842.

Cour de Montpellier, 11 avril 1836.

Cour de Nîmes, 13 novembre 1835.

§ 3

Mais cette jurisprudence n'a pas persisté.

La même année, si la Cour de Paris statuait dans un sens, la Cour de Rouen statuait dans un sens opposé.

Cour de Rouen, 11 janvier 1844 :

» Attendu que c'est faussement interpréter la loi que de

soutenir que la prohibition de vendre ou de mettre en vente des remèdes secrets est dépourvue de sanction pénale à l'égard des pharmaciens ;

» Qu'en effet cette prohibition devait être et a été prononcée par la loi d'une façon impérative et absolue, sans restriction quant aux divers remèdes secrets qui seraient vendus, mais aussi sans exception aucune quant aux personnes qui pourraient les vendre ;

» Qu'il serait étrange que les pharmaciens fussent les seuls qui pussent impunément vendre des remèdes secrets lorsque c'est par eux que se fait la vente de presque tous les remèdes secrets.... et que l'article 32 leur a expressément interdit de pareilles ventes ;

» Que si la sanction pénale d'une défense aussi importante ne se rencontre pas dans cet article 32, elle se trouve dans l'article 36 de la même loi et dans la loi du 29 pluviôse qui, en défendant, sous les peines qu'elles déterminent, à tous individus toute annonce et affiche et par conséquent toute vente ou mise en vente de remèdes secrets, ont nécessairement compris dans des expressions aussi générales et aussi absolues les pharmaciens eux-mêmes comme toutes autres personnes ;

» Qu'ainsi l'expression de la loi est conforme à sa pensée ; qu'elle s'accorde pour ne pas laisser violer impunément par toute une classe de citoyens une prohibition faite dans de hautes vues d'intérêt public et qui ne peut être efficace qu'à la condition d'être respectée de tous. »

Il y aurait, à mon sens, quelque peu à reprendre aux termes de cet arrêt et les magistrats de la Cour de Rouen me paraissent avoir fait œuvre de législateurs plutôt que de juges, mais je dois constater que sur le pourvoi formé, la Cour de cassation a consacré sa doctrine.

Cour de cassation, 18 mai 1844.

« Attendu que la disposition de l'article 36 qui prohibe l'annonce est générale et s'applique aux pharmaciens comme à tous autres ; que cette disposition doit être entendue, d'après le décret du 25 prairial an XIII, comme interdisant en même temps la vente de ces remèdes ; que l'article 32 ne peut fournir un motif d'admettre une exception en faveur des pharmaciens, puisque, au contraire, il établit contre eux, d'une manière plus spéciale, la même prohibition... rejette. »

Depuis, la Cour suprême n'a cessé de statuer d'après les mêmes principes et les Cours d'appel elles-mêmes ont toutes renoncé à une interprétation différente condamnée par la juridiction régulatrice.

Inutile d'énumérer les décisions intervenues.

Je me contente d'affirmer qu'en fait on applique généralement aujourd'hui la peine de l'article 36 de la loi de germinal, c'est-à-dire de la loi du 29 pluviôse an XIII, aussi bien aux pharmaciens qu'aux non pharmaciens convaincus d'annonce et de vente de remèdes secrets.

§ 4

Donc, et pour répondre à la présente question : en cas de poursuites correctionnelles, le pharmacien prévenu d'avoir vendu la médecine Le Roy, si elle était considérée comme remède secret, se trouverait, aux termes desdites poursuites et abstraction faite de leur valeur au fond, passible d'une amende de 25 à 600 francs.

XXI

Autre question.

Si la médecine Le Roy venait à être considérée comme remède secret et en cas de poursuites exercées au regard de l'établissement, 51, rue de Seine, quel serait le prévenu traduit en justice et passible de la peine susmentionnée ?

Le prévenu serait le pharmacien en titre qui, à l'heure des poursuites, préparerait et vendrait le médicament. Peut-être pourrait-on craindre qu'en dépit de la situation et en dépit également de la responsabilité assumée par le pharmacien en titre, MM. Cottin fussent inquiétés eux-mêmes comme complices, sinon comme co-auteurs de l'infraction à la loi. L'action publique, on le sait, ne s'arrête pas devant les conventions privées qui ont pu intervenir entre les parties lorsqu'il s'agit d'ordre public. Il dépend d'elle de les accepter ou de les rejeter selon qu'elles lui paraissent pouvoir s'accorder avec la loi ou lui faire échec ; — « on ne peut, dit l'article 6 du Code civil, déroger par des conventions particulières aux lois qui intéressent l'ordre public. » En cas pareil, l'acte intervenu entre MM. Cottin d'un côté et le pharmacien diplômé de l'autre, pourrait ne pas être pris en considération par le parquet, mais, étant donné les circonstances de fait que j'ai déjà signalées, une poursuite contre MM. Cottin eux-mêmes pour complicité dans la vente d'un remède secret me paraît bien improbable et je ne pense pas qu'il y ait lieu de s'arrêter à une pareille hypothèse.

XXII

Ce qui peut, toutefois, paraître rentrer dans l'ordre des possibilités, c'est l'éventualité d'une poursuite dirigée contre MM. Cottin à un autre point de vue. En admettant que la médecine Le Roy, ainsi que je le pense, ne puisse être considérée comme remède secret, le pharmacien qui la vend dans l'établissement, 51, rue de Seine, ne sera pas condamné pour vente de remède secret ; mais MM. Cottin ne risquent-ils pas, ladite poursuite se transformant quant à la qualification et quant à l'agent, d'être recherchés eux-mêmes pour exercice illégal de la pharmacie?

Le sujet est complexe et il convient d'analyser ses éléments. Aussi bien, il est intéressant de le connaître.

Raisonnons d'ailleurs comme si l'établissement, 51, rue de Seine, était une pharmacie ordinaire.

Quelle est, au point de vue légal, la situation du propriétaire non pharmacien, faisant gérer la pharmacie par un pharmacien diplômé, son préposé salarié ou son associé ?

Ici encore nous allons retrouver dans la réponse la confusion et la variété d'interprétation auxquelles semble vouée cette malheureuse législation pharmaceutique.

D'après un premier système, le propriétaire serait dans une situation irrégulière et se rendrait coupable, comme auteur principal, d'un exercice illégal de la pharmacie, dont le pharmacien se trouverait co-auteur ou complice. Dans un second système la situation de l'un et de l'autre, si par ailleurs aucune circonstance de fait ne vient altérer leur caractère respectif, est régulière et ne saurait être critiquée.

XXIII

Les partisans de la première opinion partent de ce principe que la propriété de la pharmacie et le titre de pharmacien diplômé doivent se trouver réunis dans les mêmes mains.

Ils invoquent la loi de germinal. Cette loi, disent-ils, n'exige pas le diplôme seulement de celui qui prépare, vend ou délivre des médicaments, elle l'exige encore de celui qui veut avoir une officine ouverte, c'est-à-dire être propriétaire d'une pharmacie.

L'article 25 de la loi de germinal le déclare : Nul, s'il n'est légalement reçu, ne peut exercer la profession de pharmacien, ouvrir une officine de pharmacie, préparer, vendre ou débiter aucun médicament.

Ils invoquent à l'appui de cette interprétation les termes de l'ancienne déclaration royale de 1777 et les lettres-patentes du 10 février 1780.

La déclaration royale de 1777 sur laquelle a été copiée en quelque sorte la loi de germinal, portait: « Article 1. Les » maîtres apothicaires de Paris... pourront seuls avoir labora- » toire et officine ouverte. — Article 2. Lesdits privilégiés » titulaires de charges... ne pourront... avoir laboratoire et

» officine que tant qu'ils posséderont et exerceront personnel-
» lement leur charge. »

A leur tour, les lettres-patentes du 10 février 1780 s'expri-
maient en ces termes : « Article 19. Aucun des maîtres com-
» posant le collège de pharmacie ne pourra, sous quelque pré-
» texte que ce soit, avoir de société ouverte qu'avec les
» maîtres de ladite profession. »

La loi de germinal, ajoutent les partisans de la première opinion, a suivi, à tort ou à raison, les errements de l'ancien
régime ; son but a été le même que celui recherché par les
édits : protéger la santé publique ; c'est dans ce but qu'elle a
imposé des conditions de capacité à l'exercice de la profession,
organisé une surveillance, édicté des mesures, établi une série
de pénalités. Toutes ses précautions prises seraient déjouées,
toutes les garanties offertes deviendraient vaines si la propriété
de la pharmacie et si sa gérance ne se trouvaient pas réunies
dans les mêmes mains.

Voyez enfin, disent-ils en terminant, avec quel soin la loi a
strictement prévu et limité certains cas où des considérations
particulières imposaient une dérogation ou un tempérament à
la rigueur des principes. Lorsque par l'article 25 de la loi de
germinal et par l'article 41 de l'arrêté de thermidor elle a res-
treint le droit accordé à un médecin ou à la veuve d'un pharmacien, elle a montré qu'en dehors de ces cas, force devait rester à la règle.

Et sa pensée se comprend et se justifie de reste. S'il y avait
séparation de la propriété et de la gérance, le propriétaire
n'aurait qu'un objectif, obtenir des résultats pécuniaires satis-
faisants ; la répression ne pourrait pas l'atteindre, et le pharmacien diplômé qui gérerait l'officine, étant à la discrétion du
propriétaire du fonds, n'offrirait au public ni sûreté véritable, ni responsabilité complète.

§ 1

A l'appui de leur système, les jurisconsultes qui le soutiennent peuvent citer un certain nombre d'arrêts.

J'indiquerai ou rapporterai les principaux.

Cour de Cassation, 23 juin 1859.

« ... Attendu que Ratel, officier de santé, n'était pas poursuivi seulement pour avoir distribué ou fait distribuer des médicaments par un individu non pharmacien, mais aussi pour avoir ouvert une officine de pharmacie sans être breveté pharmacien ;

» Que le fait, par Ratel, d'avoir préposé un individu pourvu de diplôme à la préparation et au débit des médicaments ne saurait le mettre à l'abri des peines édictées par la loi pour avoir ouvert l'officine sans être muni du diplôme ;

» Que, dès lors, l'arrêt attaqué, en déclarant en droit qu'aucun texte de loi ne prescrit sous des peines spéciales la réunion dans la même main de la propriété et de la gestion d'une pharmacie, alors qu'il reconnaissait en fait que Ratel était propriétaire d'une officine, que c'était en son nom que la location était faite, etc., a formellement violé lesdits articles 25, 26 et 30 de la loi de germinal ;

» Casse, et renvoie devant la Cour d'Orléans. »

La Cour d'Orléans, saisie de la question à la suite de cet arrêt de renvoi, statua comme suit :

Cour d'Orléans, 18 août 1859.

« ... Attendu que l'article 25 défend formellement à tous autres qu'aux pharmaciens légalement reçus, non seulement d'exercer la profession de pharmacien, mais même d'ouvrir une officine de pharmacie ; que chacune de ces expressions a son sens propre et sa portée distincte, et ne forme pas une redondance inutile ; que ces expressions révèlent précisément que le législateur a prévu le cas où un individu ouvrirait sans autorisation et sans diplôme une officine de pharmacie, la pourvoirait de tous les ustensiles et de toutes les substances nécessaires à son exploitation, et laisserait à une autre personne pourvue d'un diplôme l'exercice proprement dit de la profession, tout en se réservant la propriété et les produits utiles de cet établissement ;

» Que les dangers et les abus d'une telle spéculation avaient éveillé la sollicitude des législateurs antérieurs ;

» Qu'en effet, l'édit de 1777 avait évidemment pour objet de prescrire la réunion simultanée dans la même main de la propriété ou possession de l'officine et de son exploitation réelle par le pharmacien titulaire, puisque toute cession ou toute location lui est interdite ;

» Que si cette cession offrait des dangers de la part du pharmacien lui-même, elle en présente de plus graves encore de la part du propriétaire non pharmacien qui n'a en vue qu'une spéculation intéressée et qui enlève ainsi aux particuliers, lésés par les conséquences d'une semblable substitution, les garanties réelles qu'ils auraient pu trouver dans le propriétaire de l'officine et qu'ils ne trouvent plus dans un gérant ou prête-nom. »

§ 2

La Cour de cassation a proclamé la même théorie dans le fameux arrêt relatif à la pharmacie des frères Raspail, du 23 août 1860.

Lorsqu'on passe rue du Temple, on peut voir, au numéro 14, un établissement pharmaceutique portant comme enseigne : « Droguerie complémentaire de la méthode Raspail. »

Antérieurement à 1860, ledit établissement portait le nom de « Pharmacie complémentaire de la méthode Raspail. » Voici dans quelles circonstances se produisit la modification :

M. Tessier, pharmacien diplômé, gérait, à l'endroit que je viens d'indiquer, une pharmacie appartenant à M. Emile-Jules Raspail, ingénieur-chimiste, et à M. François-Camille Raspail, officier de santé. Un procès-verbal constata que Tessier avait négligé de renfermer sous clef les substances vénéneuses ; de plus, un individu s'étant présenté dans la pharmacie et ayant demandé du sulfate de magnésie, Tessier lui avait remis du sulfate de zinc, et cette erreur avait été la cause de blessures graves. M. Tessier fut poursuivi pour exercice illégal de la pharmacie, pour contravention aux lois et ordonnances relatives aux substances vénéneuses et pour blessures par imprudence.

Les deux frères Raspail furent également poursuivis pour exercice illégal de la pharmacie. L'individu, victime de l'erreur dont j'ai parlé, avait formé une demande en dommages-intérêts contre les trois prévenus.

Le tribunal correctionnel de la Seine, sur le chef de blessures par imprudence, condamna Tessier à un mois de prison et 50 francs d'amende et prononça contre lui seul une condamnation en 300 francs de dommages-intérêts envers la partie civile, attendu qu'il lui avait seul occasionné un préjudice ; il le renvoya de la poursuite en ce qui touchait les contraventions aux lois sur les substances vénéneuses, attendu que les substances mentionnées dans les procès-verbaux ne pouvaient être considérées comme vénéneuses. En ce qui touchait l'exercice illégal de la pharmacie, il renvoya également M. Tessier de la plainte, attendu qu'il était régulièrement pourvu d'un diplôme de pharmacien, et je note en passant qu'il n'avait pas été poursuivi comme complice, mais comme auteur.

A l'égard des frères Raspail, traduits pour exercice illégal de la pharmacie, le tribunal statua en ces termes :

Tribunal correctionnel de la Seine, 21 février 1860.

« ... Attendu qu'il résulte, etc..., que les frères Raspail étaient seuls propriétaires de la pharmacie gérée par Tessier, pharmacien ;

» Que ce fait résulte encore de l'inscription de leur nom sur a pharmacie et sur certains médicaments ; que, de plus, ni l'un ni l'autre de ces deux prévenus n'était muni d'un diplôme de pharmacien ;

4

» Attendu qu'aux termes de l'article 25 de la loi de germinal, le diplôme de pharmacien est indispensable pour ouvrir une pharmacie ; que de cette obligation, combinée avec les articles 26 et 30 de la même loi et avec les articles 1, 2 et 6 de la déclaration du roi du 25 avril 1777, il résulte que les propriétaires d'une officine de pharmacie à Paris ne peuvent la tenir ouverte qu'autant qu'étant pharmaciens brevetés ils l'exploitent eux-mêmes ;

» Attendu que, dans ces circonstances, les frères Raspail doivent être déclarés coupables d'exercice illégal de la pharmacie...

» Les condamne à 190 francs d'amende. »

Les frères Raspail et Tessier relevèrent appel de ce jugement.

Le ministère public, de son côté, interjeta appel *a minima* contre Tessier.

La Cour de Paris condamna Tessier à deux mois de prison et 100 francs d'amende.

Je rapporte les considérants de cet arrêt dans ce qu'ils ont d'essentiel, et d'intéressant pour l'étude actuelle :

Cour de Paris, 13 mai 1860.

« ... Considérant qu'il résulte du texte de ces articles rapprochés des dispositions antérieures, que tout propriétaire d'une pharmacie doit en même temps être pourvu d'un brevet et exploiter lui-même sa pharmacie ; que les garanties que ces dispositions ont en vue de créer seraient illusoires, s'il pouvait être permis au propriétaire d'une pharmacie de la faire gérer par un tiers pourvu de diplôme ; qu'en effet, on ne peut attendre une responsabilité sérieuse et efficace que de la part de celui qui, pourvu d'un diplôme, propriétaire de la pharmacie et la gérant lui-même, peut répondre de ses actes tout à la fois et par sa personne et par sa fortune.

» En fait, considérant qu'il résulte des aveux des prévenus que la pharmacie est la propriété des frères Raspail, et que

Tessier n'est qu'un simple gérant recevant des propriétaires des appointements fixes ; que la patente est au nom de Raspail ; que les prévenus cherchent évidemment à se faire considérer aux yeux de tous comme les véritables directeurs de cette officine ;... qu'ils l'annoncent dans tous les journaux sous le titre de Pharmacie complémentaire de la Méthode Raspail, mais que l'annonce est disposée de façon que les deux mots « pharmacie » et « Raspail » écrits en gros caractères et placés à peu de distance l'un de l'autre frappent les yeux et qu'ainsi le nom de la pharmacie semble être à première vue Pharmacie Raspail ; que cette même annonce porte le fac-simile de la signature Raspail ; qu'il résulte des explications données que le loyer est au nom des frères Raspail ; que Émile-Jules Raspail, qui se qualifie d'ingénieur-chimiste reconnaît, dans un écrit imprimé pour la défense, qu'il apporte une coopération active à l'établissement où il exerce, dit-il, la plus sévère surveillance ; qu'il résulte du procès-verbal dressé par le commissaire de police que lorsque, à la suite de la plainte de Varenne, il s'est transporté dans la pharmacie, Camille-François Raspail est survenu et a agi comme véritable chef de maison ; qu'au surplus les frères Raspail ont déclaré qu'ils ont fondé cette pharmacie dans le but de mettre le public à l'abri de tous les abus qui, suivant eux, se pratiquent dans d'autres pharmacies où l'on usurpe leur nom ;

» Qu'il résulte de ce qui précède que les frères Raspail ont ouvert une officine de pharmacie sans être pourvus du diplôme exigé par l'article 25 ;

» Que, par suite, ils doivent être considérés comme ayant vendu et débité au poids médicinal les drogues et médicaments préparés dans l'officine par eux ouverte ;

» Que ce fait constitue le délit prévu, etc.

» Confirme. »

Un pourvoi fut formé contre cette décision.

Voici l'arrêt, très doctrinal, que rendit la Cour de cassation :

Cour de Cassation, 23 août 1860.

« Attendu que, d'après les articles 1, 2, 6 de la déclaration du roi du 25 avril 1777, les maîtres apothicaires de Paris pouvaient seuls avoir laboratoire et officine ouverte, que les titulaires des charges alors existantes ne pouvaient se qualifier maîtres en pharmacie et avoir laboratoire et officine que tant qu'ils possédaient et exerçaient personnellement leurs charges ; qu'il était défendu aux épiciers et à toutes autres personnes de fabriquer, vendre ou débiter aucuns sels, compositions et préparations entrant au corps humain en forme de médicaments, ni de faire aucune mixtion de drogues simples pour administrer en forme de médecine, sous peine de 500 francs d'amende ;

» Attendu que nonobstant la liberté des professions proclamée par la loi des 2-27 mars 1791, la loi du 17 avril même année a disposé, après avoir entendu le Comité de salubrité de l'Assemblée Nationale sur un abus qui s'introduisait dans l'exercice de la pharmacie, que les lois, statuts et règlements existant au 2 mars précédent, relatifs à l'exercice et à l'enseignement de la pharmacie pour la préparation, vente et distribution des drogues et médicaments, continueraient d'être exécutés suivant leur forme et teneur sous les peines portées par lesdits lois et règlements jusqu'à ce qu'il ait été statué définitivement à cet égard ; qu'en conséquence il ne pourrait être distribué de patentes pour la préparation, vente et distribution des drogues et médicaments dans l'étendue du royaume qu'à ceux qui étaient ou qui pourraient être reçus pour l'exercice de la pharmacie, suivant les statuts et règlements concernant cette profession ;

» Attendu que le titre 4 de la loi de germinal an XI sur la police de la pharmacie a eu pour objet de mettre les dispositions sur cette matière en harmonie avec les titres précédents qui avaient établi une nouvelle organisation de l'enseignement de la pharmacie et du mode de réception des pharmaciens, mais non de diminuer les garanties déjà établies et maintenues dans un intérêt public pour la protection de la santé et de la vie des citoyens ;

» Attendu que si les dispositions de l'article 2 de la déclaration du 25 avril 1777 relative à la possession et à l'exercice par la même personne ayant titre à cet effet, de la charge de pharmacien, n'ont pas été reproduits explicitement par la loi de germinal, elles n'ont été atteintes non plus par aucune formule d'abrogation; que loin de là, elles sont au contraire maintenues de nouveau, au moins virtuellement, par les articles 21, 25, 26, 30 de la loi du 21 germinal et par l'article 41 de l'arrêté du 25 thermidor an XI, et qu'elles excluent la tenue d'une officine par un gérant quelconque, même muni de diplôme;

» Attendu en effet que, d'après ses termes même, l'article 25 implique la réunion dans une seule personne légalement reçue de la possession du titre et du fonds; que les articles 21 et 27 excluent la faculté d'avoir une officine ouverte sans avoir en même temps le titre légal autorisant à prendre une patente de pharmacien; que l'article 30, en renvoyant expressément aux lois antérieures pour procéder contre ceux qui fabriqueraient ou débiteraient sans autorisation légale des préparations ou compositions médicinales, s'est approprié les conditions de légalité antérieurement établies, en même temps que leur sanction pénale;

» Attendu enfin que l'article 41 de l'arrêté du 25 thermidor, rendu pour l'exécution de la loi de germinal, détermine les conditions de la tenue d'une officine au décès du pharmacien; que la durée de cette gestion spéciale et nécessaire est néanmoins limitée à une année; qu'après ce laps de temps, il n'est plus permis à la veuve de tenir pharmacie; que de telles dispositions sont manifestement inconciliables avec la faculté de faire gérer une pharmacie même par une personne qui serait apte à la posséder, et qu'elles sont la conséquence de ce que la profession de pharmacien n'est pas libre;

» Attendu, au surplus, qu'un gérant pourrait manquer de la liberté nécessaire pour prévenir les abus et les dangers que peut comporter l'exercice de cette profession, tandis que les

véritables possesseurs sans titre légal pourraient être portés par
leur intérêt à les favoriser;

« Attendu en fait qu'il est reconnu par l'arrêt attaqué que
la pharmacie est la propriété des frères Raspail et que Tessier
n'est qu'un simple gérant recevant du propriétaire des appointements fixes; que de ces faits la Cour de Paris a conclu avec
raison que contrairement à l'article 25 de la loi de germinal,
les frères Raspail, non pourvus de diplômes, avaient tenu une
officine ouverte, etc.

« Rejette. »

§ 3

Nouvelles décisions dans le même sens :
Cour de Paris, 5 novembre 1863.
Cour de cassation, 8 avril 1864.
Tribunal du Havre, 19 mars 1867.
Tribunal du Havre, 27 décembre 1870.
Tribunal de Toulouse, 12 juillet 1876.
Le dernier arrêt de la Cour de cassation se prononce encore
d'une façon très nette :

Cour de cassation, 25 mars 1876.

« Attendu que des dispositions combinées de la déclaration
de 1777 et de la loi de germinal il résulte que nul ne peut
ouvrir une officine de pharmacie s'il n'est en même temps propriétaire du fonds et muni d'un diplôme de pharmacien ;

« Attendu en fait que l'arrêt attaqué reconnaît que Juramy
est propriétaire véritable de l'officine de pharmacie qu'il a ouverte à Alger sans être pourvu d'un diplôme ; que ledit arrêt
déclare que la direction de cette pharmacie, la préparation et
la vente des médicaments ont été confiées à un agent salarié
muni d'un diplôme et qui exploite ladite officine sous le nom
et pour le compte du demandeur ;

« Que de l'ensemble de ces faits la Cour d'Alger a conclu

avec raison que Juramy avait contrevenu à l'article 25 de la loi de germinal. »

Je mentionne enfin le jugement du tribunal correctionnel de la Seine du 16 décembre 1879 et l'arrêt de la Cour de Paris du 7 février 1880, décisions très rigoureuses, rendues au sujet de la *Pharmacie nouvelle* de la rue Saint-Lazare.

XXIV

Telle est, en doctrine et en jurisprudence, la première opinion. Elle ne manque pas de fondement. Néanmoins je persiste, malgré les autorités qu'elle invoque, à penser avec plus d'un arrêt et plus d'un jurisconsulte autorisé, qu'aucun texte de loi ne s'oppose à ce que le propriétaire d'une pharmacie ne soit pas lui-même pharmacien, si d'ailleurs l'officine est réellement et sérieusement gérée par ce dernier.

Voici mes raisons :

§ 1

Il ne faut pas confondre deux choses distinctes : la propriété de la pharmacie et son exploitation officinale. La propriété est libre et, dans le commerce, c'est un fonds qui se transmet comme tous les autres, notamment par succession. Quant à l'exploitation officinale, c'est elle seule qui est réglée et soumise, dans l'intérêt de la santé publique, à certaines conditions de capacité et à des mesures de contrôle. Pourquoi et de quel droit empêcher un individu non pharmacien de rester propriétaire d'une officine, lorsque, à la tête de cette officine se trouve soit comme associé, soit comme gérant, un pharmacien diplômé qui n'est pas un simple prête-nom comme dans la plupart de ces arrêts d'espèce que j'ai rapportés, mais un pharmacien qui exerce vraiment par lui-même ?

Les partisans de l'opinion contraire invoquent l'article 25 de la loi de germinal qui dit que nul, s'il n'est légalement reçu, ne peut exercer la profession de pharmacien, ouvrir une officine de pharmacie, vendre ou délivrer aucun médicament. Mais ils ont tort quand ils font de ces mots : « ouvrir une officine de pharmacie » une phrase à part et qu'ils veulent lire l'article comme s'il disait seulement que nul, s'il n'est légalement reçu, ne peut ouvrir une officine. Il ne faut pas détacher les divers membres de la phrase. Ce que l'article 25 défend, c'est d'exercer la profession de pharmacien, et le législateur en énumérant plusieurs actes a eu pour but uniquement de définir ce qu'on doit entendre par exercice de la pharmacie.

On objecte la déclaration de 1777 et les lettres patentes de 1780. Mais il faut entendre ces textes dans le même sens que l'article 25. D'abord, peut-on oublier que ces textes ont été portés en vue de favoriser le monopole d'une corporation au temps des Maîtrises et Jurandes? Mais, ensuite, il est un argument que je tire de ces textes mêmes et qui ne me paraît pas sans valeur. Que défendent-ils? de rester propriétaire en abandonnant, sous couvert d'une location de privilège, la gérance à des individus non pharmaciens, c'est-à-dire qu'ils visent et prohibent une espèce toute différente de celle qui nous occupe, puisque nous citons le cas où le pharmacien diplômé gère réellement la pharmacie, la propriété de cette dernière résidant seulement sur la tête d'un non pharmacien. Comment ne veut-on pas voir que cette dernière espèce n'est pas prévue et ne peut être prohibée ni en vertu de la déclaration, ni en vertu de la loi de germinal?

Il est tout aussi facile de répondre aux considérations tirées de l'article 27 de la loi de germinal et de l'article 41 de l'arrêté de thermidor. Ces articles n'ont pas et ne sauraient avoir la portée qu'on leur attribue. Le médecin n'est pas un pharmacien légalement reçu; en l'autorisant, dans certains cas spécifiés, à vendre des médicaments, il était naturel que le législateur restreignît soigneusement cette exception. De même, la veuve d'un pharmacien ne peut continuer de tenir l'officine ouverte que pendant un an à partir du décès de son mari, sous la direction d'un simple élève. On ne saurait se prévaloir utilement de cette disposition dans le système que je combats; elle est inopérante pour la discussion, puisque, dans le cas qu'elle prévoit, l'officine du pharmacien décédé se trouve pendant un an dépourvue légalement de tout pharmacien diplômé à sa tête alors que, dans la nôtre, encore une fois, le pharmacien diplômé ne cesse pas de la gérer. Sans les deux exceptions portées par la loi, le médecin ne pourrait nulle part vendre des médicaments, et la veuve et l'élève du pharmacien ne pourraient non pas seulement pendant une année, mais pas même pendant une semaine, exploiter une officine. Elles ne font donc que confirmer la règle.

Non. Ce que la législation a voulu, c'est qu'il y ait dans la préparation et la vente des médicaments la sécurité résultant d'études spéciales et d'une surveillance active. Ces garanties peuvent parfaitement se rencontrer dans une pharmacie qui a pour gérant responsable un pharmacien en titre alors que le fonds ne lui appartient pas ou ne lui appartient qu'en partie. On pourrait même dire que sa responsabilité est augmentée de celle du propriétaire intéressé le premier à ce que l'officine soit correctement tenue, à l'abri des critiques et des poursuites, bien renommée et prospère.

§ 2

Ce n'est guère que depuis environ trente ans que le système contraire a pris faveur. En 1831 on ne l'appréciait pas encore, puisqu'un étranger non pharmacien, devenu propriétaire d'une pharmacie en France, s'étant adressé au ministre du commerce pour solliciter l'autorisation d'y placer un gérant pourvu d'un diplôme, reçut cette réponse significative: « Une autorisation particulière ne vous est pas nécessaire à cet effet, car vous ne demandez rien qui ne soit conforme à la loi ». (Lettre ministérielle du 21 mai 1831.)

§ 3

Dans l'opinion que je soutiens et qui continue d'ailleurs à être patronnée par d'excellents esprits, je pourrais invoquer un certain nombre d'arrêts à opposer aux arrêts invoqués en sens opposé. Notamment :

Cour de Paris, 19 août 1830 ;

Cour de Rouen, 22 octobre 1836 ;

Cour de Paris, 31 juillet 1851 ;

Cour de Paris, 15 février 1859 ;

Cour de Lyon, 22 mai 1861, etc., etc.

Je citerai seulement des extraits de deux arrêts. Voici le premier :

Cour de Paris, 31 juillet 1851 :

« La Cour,

» Considérant en droit qu'aucune loi ne prescrit la réunion dans les mêmes mains de la propriété du diplôme de pharmacien et de la propriété du fonds de la pharmacie, et que, par suite, le propriétaire d'une pharmacie peut faire gérer sa propre pharmacie par un pharmacien titulaire, pourvu que le gérant la dirige réellement et sérieusement ;

» Considérant en fait que Rougrin était pharmacien et que sa gestion était sérieuse et réelle. »

Le second arrêt est celui rendu par la Cour de Lyon, le 22 mai 1861. Il est important.

Cour de Lyon, 22 mai 1861.

« La Cour,

» Considérant qu'il a été convenu entre Pethaud, droguiste, et Juvin pharmacien, que Juvin ouvrirait une pharmacie à Saint-Étienne; que Pethaud fournirait le local, le matériel et les drogues simples nécessaires au service de cette pharmacie; que Juvin se livrerait seul, exclusivement à Pethaud, à l'exploitation et à la gestion de l'officine; qu'enfin à l'expiration de l'année, les bénéfices seraient partagés ;

» Que par suite de cette convention, Juvin, muni d'un diplôme régulier, a ouvert à Saint-Étienne une pharmacie en se conformant à toutes les prescriptions légales; qu'il a établi cette pharmacie sous une enseigne portant son nom, dans un local voisin, mais séparé des magasins de Pethaud, qu'il l'a exploitée réellement et personnellement, en son nom, sous sa responsabilité et avec l'aide d'un élève en pharmacie ;

» Qu'on ne prouve pas, qu'on n'allègue même pas que Pethaud ou tout autre se soit immiscé dans cette exploitation ; qu'ainsi on n'établit contre Juvin et Pethaud aucun fait de fraude ou de simulation ;

» Qu'en un tel état, on ne peut trouver les éléments d'un délit ni dans le fait de l'ouverture de la pharmacie, puisque ce fait a été entouré de toutes les formalités légales, ni dans les arrangements particuliers qui en ont réglé les conditions et les conséquences pécuniaires, puisque ces arrangements, étrangers à l'exploitation même de la pharmacie, ne sont prohibés par aucune loi ; qu'ils ne pouvaient l'être ; qu'il ne faut pas oublier, en effet, que les prohibitions de la loi n'ont en vue que l'intérêt de la santé publique ; que ce qui intéresse la santé publique c'est que les manipulations pharmaceutiques soient faites suivant les règles de l'art par des mains compétentes ; que, cette condition remplie, la loi est satisfaite et qu'il lui importe peu que le matériel qui sert aux manipulations, ou les bénéfices qui en résultent, appartiennent à telle ou telle personne ; que la sollicitude du législateur n'avait à se préoccuper et ne s'est préoccupée en effet que de ce qui concerne la qualité des préparations et la capacité du préparateur, et nullement de ce qui concerne le règlement de ces intérêts pécuniaires ;

» Qu'on objecte, il est vrai, que quand le pharmacien qui gère n'est pas lui-même propriétaire de la pharmacie, il a un intérêt moins direct à sa bonne exploitation, et n'offre ainsi qu'une moindre garantie ; mais que cette objection, qui serait loin d'ailleurs de paraître concluante, ne trouve pas d'application ici...

» Qu'ainsi dans la cause actuelle ne se trouve aucun motif d'appliquer une répression pénale que le texte de la loi n'autorise pas et ce que son esprit repousse. »

On pourrait, ici encore, citer bon nombre d'autres décisions judiciaires rendues dans le même sens.

XXV

A quoi bon insister?

La jurisprudence, il faut le reconnaître, semble aujourd'hui tendre de plus en plus à poser en principe qu'une pharmacie ne peut être gérée que par son propriétaire et que le diplôme du pharmacien et le fond de la pharmacie doivent reposer sur la même tête. Dans cet ordre d'idées le propriétaire non diplômé serait donc exposé à être poursuivi comme exerçant illégalement la pharmacie sous le couvert du nom d'un pharmacien complice lui-même de l'infraction à la loi.

Mais cette jurisprudence, même la plus défavorable, n'est pas en réalité aussi dangereuse pour la situation de MM. Cottin père et fils qu'on pourrait le croire au premier abord. Sans parler de ce qu'elle présente de contestable et de contesté en principe, on doit remarquer qu'elle est, la plupart du temps, en cette matière comme en celle des remèdes secrets, une jurisprudence d'espèces, et qu'elle ne se montre généralement sévère que lorsque l'esprit de la loi est violé et que les garanties souhaitées par elle font défaut.

§ 1

Je comprends très bien et l'on comprendra très bien avec moi que les tribunaux ne puissent admettre la séparation du fond et du diplôme lorsque les rôles du propriétaire et du pharmacien se trouvent intervertis, c'est-à-dire lorsque le pharmacien reste étranger à la direction de l'officine et que le propriétaire la gère en réalité et personnellement sous le nom d'un diplômé. Mais les tribunaux reculent avec raison devant une solution rigoureuse lorsque l'un et l'autre se renferment dans leur droit personnel, c'est-à-dire lorsque le propriétaire se contente de conserver la propriété avec les bénéfices légitimes qu'elle lui rapporte, et qu'à la tête de son officine le pharmacien, patenté, contrôlé, responsable, exerce seul sa profession.

§ 2

Voyez par exemple, les deux arrêts suivants :

Cour de Paris, 18 septembre 1861.

« Considérant qu'il y a exercice illégal de la pharmacie encore qu'on ait placé un pharmacien à la tête de l'établissement, s'il est constant que ce pharmacien n'est qu'un prête–nom, que la pharmacie pas plus que les étiquettes ne portent son nom, que c'est le propriétaire qui achète, prépare et vend ;

» Que, dans de pareilles circonstances, celui qui a prêté ainsi son nom s'est rendu coupable de complicité du délit illégal... »

Cour de Paris, 12 juin 1861.

« Considérant qu'il résulte des faits de la cause que le pharmacien, absent depuis plusieurs mois de Paris au moment du procès-verbal, n'est que le prête–nom du prévenu qui est seul propriétaire de l'officine... »

Quoi d'étonnant qu'en présence de faits semblables, la Cour ait sévi !

Si l'on étudie de près la jurisprudence, on verra que, la plupart du temps, des circonstances de fait plus ou moins graves ont, comme celles que je viens de mettre en relief dans ma dernière citation, déterminé la décision rigoureuse des juges.

XXVI

En ce qui concerne MM. Cottin père et fils, comment pourraient-ils être condamnés, eux, pour exercice illégal de la pharmacie ? Ils sont propriétaires et uniquement propriétaires. Ils ont trouvé leur propriété dans la succession paternelle. Ils n'ont pas ouvert d'officine ; l'officine est établie rue de Seine, 51, anciennement 49, depuis environ soixante ans. Ils sont restés et restent toujours étrangers à sa gestion pharmaceutique. Le pharmacien qu'ils placent à la tête de l'établissement n'est pas

un prête-nom, c'est un pharmacien sérieux qui exerce personnellement; il est patenté; il est responsable; il achète les substances, il les prépare, il les vend sans immixtion étrangère; il
reçoit les visites de l'École; son nom est seul dans les étiquettes
et les factures; officinalement, il est le véritable successeur du
pharmacien Cottin. Il offre au public la garantie demandée par
la loi et l'honorabilité de MM. Cottin, les propriétaires, ajoute
ici une nouvelle et précieuse garantie à la sienne.

XXVII

J'ai raisonné dans l'hypothèse où l'établissement 51, rue de
Seine, serait une pharmacie dans le sens ordinaire du mot.

Mais cet établissement n'est pas ce qu'on appelle vulgairement une pharmacie, ou, si l'on veut, c'est une pharmacie
spécialisée, dans laquelle on ne prépare et débite qu'un seul
genre de médicaments, les médicaments Le Roy. Il ne porte
même pas sur son enseigne l'indication pharmacie et sa devan-
ture ne rappelle en rien celle des officines.

Ce mode d'établissement pharmaceutique ne paraît pas avoir
été prévu par les lois et règlements, et, à certain point de vue,
la situation du pharmacien qui le dirige pourrait prêter à la
critique.

Mais, en ce qui regarde notre question, la circonstance qu'il
s'agit dans l'espèce d'un seul médicament et non de tous les
médicaments du codex ne saurait influer sur sa solution. L'espèce, même, semblerait plus favorable.

L'établissement a acquis depuis longtemps droit de cité; les
visites de l'École que j'ai déjà eu l'occasion d'invoquer l'ont
consacré en quelque sorte et reconnu tel qu'il est. En fait, on
y prépare et on y vend la médecine Le Roy aux pharmaciens et
pour l'exportation. L'établissement, 51, rue de Seine, est plus
fondé en titre que d'autres établissements analogues à Paris,
celui de Bravais, par exemple (fer dyalisé Bravais), rues du
Quatre-Septembre et Lafayette; celui de Clertan (perles du

Dr Clertan), rue Jacob ; celui de Bossu (pommade Bossu), 70, rue de Bondy ; celui de Chassaing, Guinon et Cie (vin bidigestif de Chassaing à la pepsine et à la diastase), avenue Victoria, etc., etc.

Il est à remarquer, au surplus, qu'à raison même des conditions dans lesquelles elle se maintient, la situation du pharmacien de MM. Cottin père et fils n'a jamais éveillé les susceptibilités jalouses ou intéressées de ses confrères. Les pharmaciens de la ville en général ont tout intérêt à trouver dans l'établissement, 51, rue de Seine, un médicament bien préparé et ceux du quartier n'ont pas à craindre sa concurrence.

XXVIII

En résumé, il ne me semble pas que MM. Cottin puissent être poursuivis pour exercice illégal de la pharmacie, et une condamnation de ce chef, en cas de poursuites, me paraît inadmissible.

Jules Forni,
Avocat à la Cour d'appel de Paris.

Comme avoué de MM. Cottin père et fils, j'adhère, sans réserve, à la consultation ci-dessus.

Henry Mutel,
Avoué près le Tribunal civil de la Seine.

Paris, 20 avril 1883.

INDEX CHRONOLOGIQUE

DE QUELQUES DÉCISIONS JUDICIAIRES RENDUES
à l'occasion de remèdes secrets

Nota. — Bien que peu juridique, j'ai employé par abréviation la formule *acquitté* et *condamné* pour marquer l'issue heureuse ou défavorable des procès.

Cet index est donné à titre de simple renseignement de curiosité, car, en droit et en fait, les espèces varient beaucoup et il est indispensable d'étudier les décisions intervenues pour les ramener à des principes généraux, — ce qui n'est pas toujours, d'ailleurs, mince besogne.

Rob antisyphilitique de Giraudeau. Sirop régénérateur de Dupont. Biscuits antisyphilitiques d'Olivier. Pilules napolitaines de Poisson. Pilules antiglaireuses de Curre. Mixture brésilienne de Lepère. Eau végétale de Launoy. Pilules toni-purgatives de Béguin. Sirop de Mancogney.	T., Seine, 9 mai 1829 . .	Condamnés.
Gélatine végétale de lichen. Baume du Paraguay.	C. Paris, 20 sept. 1829 .	Acquittés.
Pastilles de Calabre.	C. Paris, 12 janvier 1830.	Acquitté.
Café de santé de Hough. Café-chocolat rafraîchissant de Hough.	T. Seine, 19 janvier 1830.	Condamnés
Sel désipilant de Guindre.	C. Paris, 23 juillet 1830.	Acquitté.
Paraguay — Roux.	C. Paris, 2 août 1832. . .	Acquitté.
Essence de salsepareille.	C. Paris, 21 juin 1833. . .	Condamné.
Thé Chambard.	1839.	Condamné.
Pilules ferrugineuses de Vallet.	C. Paris, 18 avril 1842. .	Acquitté.
Pâte pectorale de Regnauld.	Cass., 6 août 1842. . . .	Acquitté.
Pastilles d'Hauterive de Vichy, de Darcet. Papier d'Albeyspeyre.	Cass. 22 janvier 1842 . .	Acquittés.
Elixir purgatif de Lavolley. Vin de gingembre de Wallis. Poudre de Sancy. Elixir tonique anti-gl. de Guillié. Rob antisyphilitique du docteur Giraudeau.	T. Seine, 30 déc. 1843. .	Condamnés.

Philhygie	T. Seine, 13 mai 1843. .	Condamné.
Rob antisyphilitique du docteur Giraudeau		
Sirop régénérateur du sang de Giraudeau		
Sirop de Guillié	C. Rouen, 14 janvier 1844.	Condamnés.
Sirop pectoral de Chaumont. . .	Cass., 18 mai 1844. . . .	Condamnés.
Sirop antisyphilitique de Briant.		
Sirop de Johnson.		
Sirop anthicath. de Duvignau . .		
Eau de Bridault, de Provence, du docteur Penne	C. Paris, 23 nov. 1844. .	Condamné.
	— 10 mai 1844 . .	Condamné.
	— 20 mai 1844 . .	Condamné.
Elixir purgatif de Lavolley . . .		
Vin de gingembre de Wallis . .		
Poudre de Sancy	C. Paris, 9 mars 1844. .	Condamnés.
Elixir tonique antigl. de Guillié .		
Rob antisyphilitique du docteur Giraudeau		
Pilules ferrugineuses de Vallet. .	C. Rennes, 3 mai 1850. .	Acquitté.
Injection infaillible, p. div Sampso.	T. Seine, 7 février 1851 .	Condamné.
Sirop de dentition Dalabarre . .	T. Seine, 3 janvier 1852 .	Condamné.
Eau de Snellieuc	C. Paris, 11 février 1852.	Condamné.
Pilules antiglaireuses de Lartigues.		
Poudre de Burin-Dubuisson. . .		
Pilules de Burin-Dubuisson. . .		
Pastilles de Burin-Dubuisson . .		
Pilules de Morison		
Pastilles de Morison	C. Dijon, 17 août 1853. .	Condamnés.
Sirop de Harambure		
Pilules de Dehaut		
Pilules de grains de vie de Clerambourg		
Poudre antinerveuse PMMDMP .		
Pastilles de Labélonye		
Sirop de digitale de Labélonye .		
Sirop de salsepareille de Quet. .		
Globules de digitale de Personne		
Sirop d'iodure d'amidon de Personne	C. Dijon, 17 août 1853. .	Acquittés.
Huile iodée de Personne	Cass. 12 juillet 1854. . .	Acquittés.
Sirop de Macors		
Pilules de Barreswill		
Pastilles de Barreswill.		
Sirop de Lamoureux		
Sirop pectoral de Flon		
Sirop de digitale de Labélonye .	C. Toulouse, 25 août 1853.	Acquitté.

Elixir tonique antigl. de Guillié.	C. Rouen, 25 nov. 1855.	Acquitté.
Sirop antiphlog. de Briant. . . .	T. Metz, 1er octobre 1856.	Acquitté.
Sirop pectoral de Lhoste . . . . ⎫ Poudre de Paterson. . . . . . ⎬ T. Metz. 1er octobre 1856. Pastilles de Paterson . . . . . ⎭		Condamnés.
Sirop pectoral de·Lhoste . . . . ⎫ Poudre de Paterson. . . . . ⎬ C. Metz, 11 février 1857. Pastilles de Paterson . . . . . . ⎭		Condamnés.
Biscuits de Pinel. ·. . . . . . . ⎫ Elixir tonique antigl. de Guillié . ⎬ C. Metz, 11 février 1857. Sirop ferreux de Dussourd . . . ⎪ Sirop de Flon . . . . ⎭		Acquittés.
Biscuits de Pinel. . . . . ⎫ Elixir tonique antigl. de Guillié . ⎬ T. Metz, 1er octobre 1858. Sirop ferreux de Dussourd . . . ⎪ Sirop de Flon . . . . ⎭		Condamnés.
Pilules nutritives à la pepsine de ⎱ T. Seine, 16 août 1861. . Hogg . . . . ⎰		Condamné.
Cigarettes antiasthmatiques . . .	T. Seine, 8 janvier 1862.	Condamné.
Injection infaillible, pierres div., ⎱ T. Seine, 7 mars 1862. . Sampso . . . . ⎰		Condamné.
Pilules à la pepsine pure de Hogg ⎫ Pilules à la pepsine au fer réduit ⎪ par l'hyg. de Hogg . . . . . ⎬ T. Seine, 12 mars 1862. . Pilules de pepsine au protiodure ⎪ ferreux de Hogg . . . . ⎭		Condamnés.
Pilules à la pepsine pure de Hogg ⎫ Pilules à la pepsine au fer réduit ⎪ de Hogg . . . . ⎬ C. Paris, 4 juillet 1862. . Pilules de pepsine au protoxyde ⎪ ferreux de Hogg . . . . ⎭		Condamné.
Sirop d'ars. de fer et de soude ⎱ T. Seine, 16 février 1865. de Grimault . . . . ⎰		Condamné.
Sirop d'ars. de fer et de soude ⎱ T. Seine, 3 juin 1865 . . de Grimault . . . . ⎰		Condamné.
Thé Chambard	Cass. 17 août 1867. . . .	Condamné.
Solution Bigot	T. Mortain, 1872	Condamné.
Solution Bigot	C. Caen, 28 juillet 1872 .	Condamné.
Dragées à l'huile de foie de morue ⎱ C. Paris, 17 janvier 1873. de Roque. . . . . ⎰ Cass. 26 juillet 1873. . .		Condamné. Condamné.
Phénol Bobœuf.	T. Seine, 23 avril 1874. .	Condamné.
Pommade Theu. . . ·	T. Seine, 27 avril 1874. .	Condamné.
Phénol Bobœuf.	C. 24 juillet 1874	Condamné.
Copahine Mège.	C. Paris, 16 mars 1876. .	Acquitté.
Elixir thalassique. . . . . ⎱ T. Seine, 22 déc. 1876. . Sirop thalassique. . . . . ⎰		Acquittés.
Pilules anti-nerveuses du docteur ⎱ T. Seine, 21 avril 1877. . Crosnier . . . . ⎰		Condamné.

Copahine Mège	C. Amiens, 26 juillet 1877.	Acquitté.
Revalescière du Barry	C. Paris, 9 janvier 1879.	Acquitté.
Baume sédatif Chautard	C. Dijon, 19 nov. 1879.	Acquittés.
Thécitronnelle		
Thé Chambard	T. Seine, nov. 1879.	Condamné.
Thé Chambard	T. Seine, 15 février 1880.	Condamné.
Sirop d'Homs	T. Seine, 13 février 1880.	Acquitté.
Thé Chambard	T. Seine, 30 juin 1882.	Condamné.

On peut voir par l'index chronologique ci-dessus que sur un certain nombre de spécialités poursuivies comme remèdes secrets, la jurisprudence a hésité et varié et que, sans remonter aux arrêts de l'ancien Parlement de Paris qui ont proscrit l'ipéca, l'huile de pavot, l'émétique, plusieurs spécialités, condamnées depuis longtemps et à diverses reprises, ne paraissent pas s'en trouver plus mal aujourd'hui. Le thé Chambard, par exemple, ne continue-t-il pas à être mis en vente et vendu partout ?

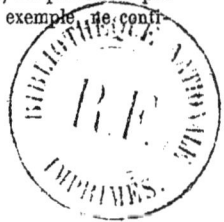

IMPRIMERIE CENTRALE DES CHEMINS DE FER. — IMPRIMERIE CHAIX.
RUE BERGÈRE, 20, PARIS. — 0284-3.

85

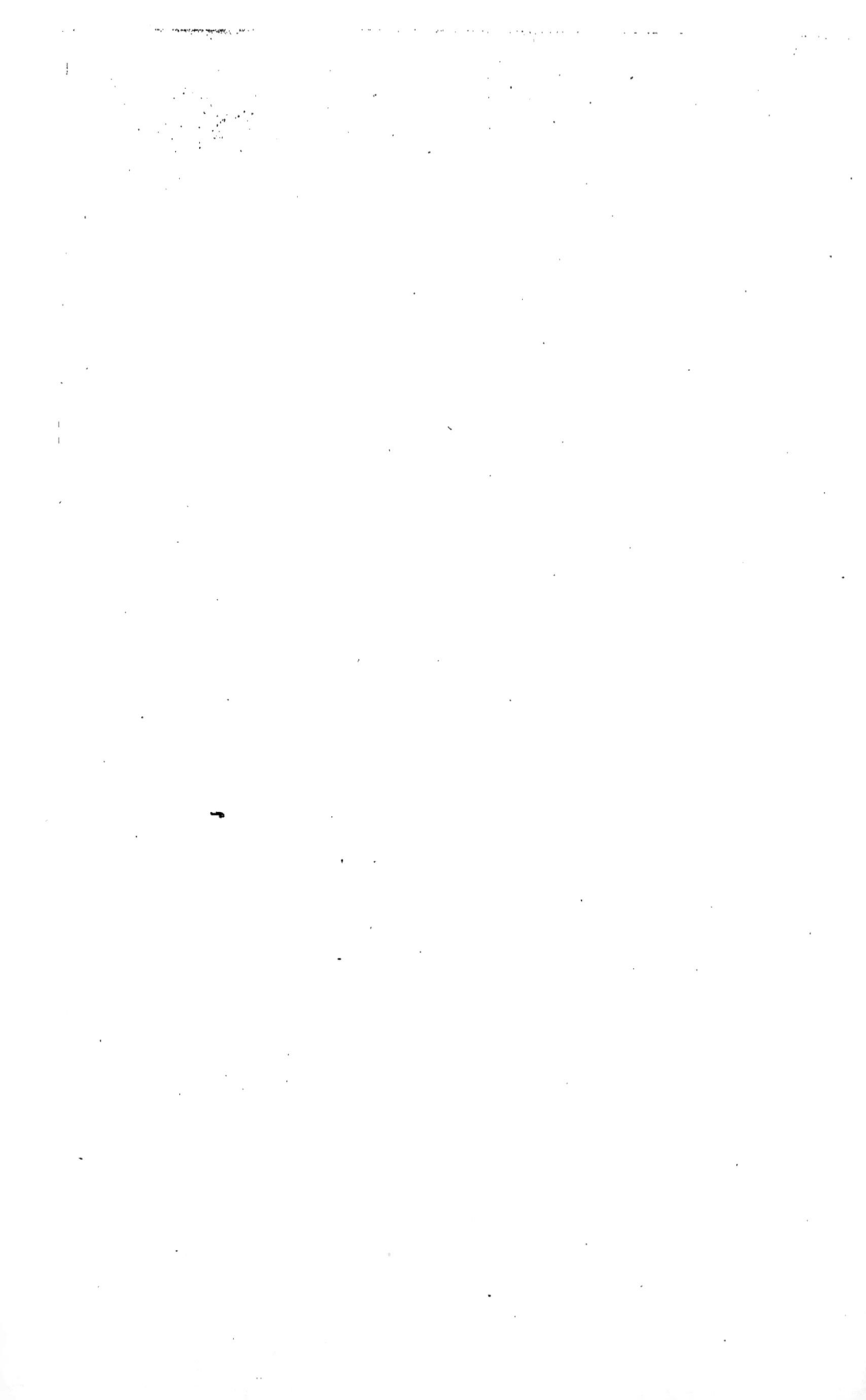

www.ingramcontent.com/pod-product-compliance
Lightning Source LLC
Chambersburg PA
CBHW060648210326
41520CB00010B/1794